JN010623

喫茶人かく語りき

言葉で旅する
喫茶店

川口葉子

実業之日本社

目次

chapter 1 カフェをめぐる言葉

chapter 2 喫茶店をめぐる言葉

chapter 3

コーヒーを一杯

chapter 4 流儀とメニュー

chapter 5 書物の中の珈琲時間

はじめに

この20年ほど、全国のカフェや喫茶店を取材しては本を上梓する日々を過ごしてきました。店主の方々にお話をうかがって、心地よく整えられた空間を写真におさめる。それは本当に貴重な時間です。

本書では店主の方々が何気なく、もしくは意志をもって明快なトーンで語ってくださった言葉の中から、とりわけ記憶に残っている名言を集めてお届けします。

一杯のコーヒーと共に過ごす時間のかけがえのなさを教えてくれる言葉。ぴりっとスパイスの効いた言葉。そのカフェならではの流儀を語る言葉。たとえ息苦しさや不安で視界が暗くなっていても、この世界は生きるに値するものだと確信させて、闇に灯りをともしてくれるような言葉。

街角にコーヒーを香らせる達人たちの名言の数々が、あなたの喫茶時間をより楽しくしてくれますように。

最後の章には、古今東西の文筆家たちが綴ったカフェやコーヒーについての文章を集めました。私には小説のページの中で「カフェ」や「コーヒー」という言葉がちょっとだけ太字に見えるのです。何らかのキーワードが念頭にある人なら、似たような経験をしているでしょう。

最初に上梓した本のまえがきに、私はこう書きました。

カフェは街の猫のようなもの。ある日急に思いがけない路地に現れて、散策者を誘います。愛嬌たっぷりの猫。つれない猫。気持ちの通いあう猫。身繕いに余念のない猫。誘われるままに腰をおろして猫と一緒に街を眺めると、歩行するだけでは見えない風景が見えてきます。けれども、猫はいつかふっと姿を消してしまうもの。私たちは彼らの死を知らないまま生活を続けていきます。別れたと気づかずに別れてしまったものたち。

『東京カフェマニア』2001年発行

その5年後に上梓した本にはこう綴っています。


ひとはなぜカフェの扉を開けるのだろう。

蕎麦屋の引き戸を開けるひとは、香りたつ新そばをつるつるっとたぐるのが目的だ。寿司屋の暖簾をくぐるひとは、頭を新鮮な寿司ネタの映像でいっぱいにしている。でも、カフェの場合はそうではない。

カフェの扉を開けるとき、ひとはかならずしもコーヒーが飲みたいわけではない。シンプルに省略すれば、カフェとはテーブルと椅子と飲みものがあって、すこしの時間が過ごせればいい場所。

カフェのなかで、人々はじつにさまざまなことをしている。（…中略…）

カフェの扉には眼に見えない文字で大きく書かれているのだ。「自由時間」と。

『カフェの扉を開ける100の理由』2006年発行

20年のうちに変化したことは山ほどありますが、これらは現在も私のカフェに対する考えの基本になっています。
あなたにとってカフェとは、喫茶店とは、コーヒーとは、どんな存在でしょうか。本書のページには十人十色の答えが書かれています。

貴重な言葉を聞かせてくださった皆さまに
感謝をこめて

川口葉子

chapter 1

カフェをめぐる言葉

カフェは心地よくすっぽりとおさまれる「穴」。
外の世界から遮断され、守られていて、
何を考えても何を読んでも干渉されない、
ひそやかで自由な世界。

太田博子 ▶「テオレマカフェ」店主

テオレマカフェ
東京都武蔵野市中町 1-10-2 ときわビル 2 階
Tel 0422-54-3505
HP なし
Twitter：@TEOREMA_CAFE

ひとりでいたい人間をかくまう街角の〝穴〟

ケヤキ並木の舗道に面したビルの前に、小さな黒色の看板が立っている。それが読書したり黙って放心したりして過ごしたい人のための空間、「テオレマカフェ」の目印だ。

入口の景色はたいていのビルと同じように簡素で取りつく島もないと感じるのだけれど、階段を上がった先には店主がつくるお菓子とコーヒーとあたたかな空気が待ち受けている。

お客さまどうしの会話は「コソコソ程度で」お願いします、とお願いごとが掲示してあるのは、ひとりの時間を愉しみたい人々をこの〝穴〟に安全にかくまうための優しい心づかい。カフェは街角にぽっかりと空いた、日常の雑事や憂鬱から逃れて飛びこめる〝穴〟なのだ。店主の太田さんのそんな姿勢がお客さまの心に響いている。

パゾリーニの映画にちなんだ店名は定理を意味するそうだ。この空間は店主の好きな色や光、本や味を基準とした定理に基づいて構成され、多数の本や映画のポスターに彩られている。タイトルを一瞥してセンスの良さに共感するのもいいし、ただ窓の外を眺めているのもいい。ぬくぬくとして、猫のように喉を鳴らしながら。

カフェとはシーンである。
カフェで過ごした時間は、
記憶に刻まれる過程において、
ある時は一葉の写真のように、
ある時は短編映画の一場面のように、
シーンとして心に焼き付けられる。

山本剛　「go café and coffee roastery」店主

go café and coffee roastery　ゴーカフェアンドコーヒーロースタリー
東京都武蔵野市緑町 1-5-20 第一根岸ビル 1F MIDOLINO_ 内
Tel 非公開
HP：go-cafe.jp
Twitter、Instagram：@_gocafe

写真家の眼がとらえたカフェと写真の共通項

プロの写真家として活動してきた山本剛さんは、歴史ある商店街のシェアキッチンを利用して小さなコーヒースタンドを開き、手廻し式の小さな焙煎機でコーヒー豆を焙煎、販売している。

焙煎は暗室の作業と共通点が多いそうだ。ネガフィルムと生豆。そのポテンシャルをどう活かすか。全体のトーンをどう仕上げるか。

各ブレンドにはその味と香りが喚起するイメージに通底する小説家や音楽家の名前がつけられている。たとえば苦味の漂う濃厚な「バロウズ」を啜るなら、彼の自伝的小説『ジャンキー』の宇宙が脳裏に浮かび上がり、コーヒー中毒への快楽へと誘うのだ。

生活の中でコーヒーを愛し、カフェを必要不可欠な場所だと考えてきた山本さん。通い続けたお店の数々を思い返すとき、映画のようなシーン場面が幾つも浮かぶという。写真家の注意深い視線は、季節や時間帯や天気によって変化する大気中の光を繊細にとらえ、その光に照らし出された舗道やカフェ、店内で憩う人々の一瞬の輝きを匂いや音などとともに高解像度で記憶したに違いない。

名シーンは今日も街角で生まれ続けている。

カフェは空港に似ているかもしれない。
出国するとき、イミグレーションカウンターを通過すると、
もうどこの国でもない、自分がどこにも所属していないという
不思議な感覚になる。

中村岳・中村美雪 「テールベルトとカノムパン」店主

テールベルトとカノムパン
神奈川県鎌倉市扇ヶ谷3-3-24
Tel 0467-67-1339
HP：terreverte.cc
Twitter：@cafe_terreverte

旅と日常を往復するパン屋さん&カフェ

輝く緑に包まれた一軒家の扉を開けると、そこは中村さん夫妻が営むベーカリーとカフェ。シンプルで旨いパンと心うるおう時間を求めて、遠方からもファンが訪れている。

自家製酵母と国産小麦を使って個性豊かなハードタイプのパンを焼きあげるのは夫の岳さん。多数の本やヴィンテージ雑貨が並ぶカフェでコーヒーや料理を提供し、人々が気軽に集まれるワークショップなどを催してきたのは妻の美雪さん。

雑貨の買い付けなどのために旅が多いふたりは、空港にカフェと共通の性質を見出している。成田空港のチェックインカウンターの先には、日本でも海外でもない独特の感覚に陥るエリアがある。

「長距離移動中の宙ぶらりんの状態が楽しいんです。寝台列車に乗ると車窓に街がひろがり、住人たちの窓灯りがある。それを見ながら、あの人たちはそこに所属しているけれど、自分はいま、まるで浮いているなと思っている」

そんなふうにつかの間、所属から離れる喜びは、ある種のカフェで誰でもない人間として空気に同化している喜びと同じなのだ。

「ぶれる」実験としてのカフェ。

「ぶれる」というのは、誰かがつくった「正解」から
ずれてみること、とも言えそうです。
あらゆるものがより賢く、再現可能になっていく世界で、
「ぶれた」コーヒーを飲む瞬間、その人がふっと自分の身体に戻れたら、
自分の感覚を戻すことができたら、
何よりの喜びです。カフェは異なる分野や社会の間を
ぶれ続ける存在でありたいと思います。

岸本佳子 「BUoY」芸術監督&店主

BUoY ブイ
東京都足立区千住仲町 49-11
Tel 080-3390-7776
HP：buoy.or.jp/cafe
Twitter：@buoy_tokyo

旧ボウリング場と銭湯を改修した創造的空間

「ブイ」は1964年築のビルの長年放置されていた廃墟のようなフロアをリノベーションして誕生した。かつてボウリング場だった2階はカフェとギャラリーへ、銭湯だった地階は劇場へと、崩れた壁や鉄錆の色を圧倒的な魅力に変えて再生している。

足を踏み入れた瞬間に、あまりの広さと、粒子の粗い映画のスクリーンの中に紛れこんだような不思議な質感に息を呑む。

コンセプトは「ぶれるカフェ」。担当スタッフの身体感覚によってその日のコーヒーの味が変わることは、通常ならタブーなのだが、ブイはコーヒー豆のクオリティを担保した上で、そのぶれを積極的に楽しませようとする。必ずしも教科書通りではない1回限りの味わいを通して、飲む人に自分の感覚に敏感になってもらえたら――。実験的なカフェのディレクションはスペシャルティコーヒーロースター「百塔珈琲 Shimofuri」の元店長・柴田悠紀さんが手がけた。

コーヒー豆の銘柄とグラム数、お湯の温度、抽出器具まで細かく指定して注文することもできる。カフェは自由で創造的な遊びを通して、固まった思考に風穴を開けてくれるのだ。

カフェは「避難所」。
傷ついたり、うまくいかないことがあったりしたとき、
「あそこに行けばなんとかなる」って
思い出してもらえる場所になれたらいいなって。

影山知明　「胡桃堂喫茶店」「クルミドコーヒー」店主

胡桃堂喫茶店　くるみどうきっさてん
東京都国分寺市本町 2-17-3
Tel 042-401-0433
HP：kurumido2017.jp
Twitter：@kurumido2017

街と人の幸せを考える場所

夕暮れの街路に薄金色の光を投げかける「胡桃堂喫茶店」の窓。落ちついた色調の木製家具が並ぶ空間に、コーヒーや地元産の茶葉を使った日本茶、スタッフが炊くあんこを自家製カステラにはさんだ「シベリア」など、作り手の体温を感じる品々が運ばれていく。それぞれのテーブルからは穏かな談笑の声が聞こえる。

店主の影山さんは「カフェの究極の役割は、なぐさめか励まし」と語る。カフェは喜怒哀楽を抱えて訪れた人々をゆったりと受けとめる場所。手間ひまを惜しまないメニューや接客は、訪れた人がいい時間を過ごして自分自身を取り戻すために用意されているのだ。

店内の一角は小さな書店となっており、お客さまの提案を受けてスタートした「クルミド出版」の書籍や、スタッフがセレクトした新刊書、次の誰かに読み継いでほしいと人々が持ち寄った大切な古本が販売されている。1号店「クルミドコーヒー」と共に、経済と人、社会とカフェの関係を真摯に問いかけて地域通貨や米づくりに挑戦しながら、堅苦しさは微塵も感じさせずに美しく居心地がいい。それこそがカフェという存在の懐の深さだと思う。

カフェは多種多様な文化の入口。
僕自身、カフェに行かなければ触れることのなかった世界に出会い、
その刺激から何かを吸収しては一歩ずつ先に進んできた。

黒澤邦彦　「ワンダーキッチン」店主

ワンダーキッチン
神奈川県鎌倉市御成町 10-15
Tel 0467-61-4751
HP：wanderkitchen.net

世界の家庭料理を囲んで、人と文化が交差する

鎌倉駅から近いにもかかわらず、迷子から「お店がみつかりません」と電話が舞い込むような路地裏のエアポケットに、築40年以上の2階建て一軒家を改装したカフェがある。

キッチンで腕をふるう店主の黒澤さんは〝七つの名前と七つの職業を持つ男〟。音楽、文筆業、制作プロダクションなど幅広い分野で活躍してきた経験や世界各国の旅の記憶が、魅力的な料理の数々に結実している。

たとえば人気のチキンコリバタカレーは、バリのレストランの厨房でインド出身のお喋りシェフから聞き出した、南インドにある有名ホテルの門外不出のレシピだ。

旅先のカフェで異文化の中で生きる人々に出会い、並んでコーヒーを楽しみながら親しくなっていくうちに自分の中の新しい扉が開かれる。そんな体験を通して学んだのは、自分らしくあることを大切にしながら、考えの異なる相手を尊重することだった。

タイで出会った理想的な「どこの国のどんな層の人でも居心地よくいられるカフェ」が、この一軒家の中に実現されている。

純文学に分類されない素敵な文学があるように、
カフェには純飲食店とは異なる魅力がある。
カフェもアートも、生きていくうえで必要不可欠なものではない。
ニコラが「不必要なもの」として存在していられるのが
東京という都市なのだ。

曽根雅典　「ニコラ」店主

ニコラ
東京都世田谷区太子堂4-28-10 鈴木ビル2F
Tel 03-6804-0425
HP：nicolasnicolas.com
Twitter：@cafe_nicolas

東京で暮らす愉しみは、こんなカフェにある

ビルの狭い階段の入口に、見つけたいと思う人だけが見つけられるような看板がひっそりと掲げられている。2階へ上がれば、そこは粋な料理とワイン、スイーツとコーヒー、文学とアートが自由に越境しあっている楽園だ。

店名はボリス・ヴィアンの小説に登場する伊達男の料理人の名前からとられた。このカフェには文学や映画からの引用が随所にちりばめられているのだ。窓ガラスには詩人が自作の詩を綴った。

店主の曽根さん夫妻は「カフェとは何か？」という答えのない問いをこの空間で育て続けてきた。飲食店の領域からはみ出し、カフェをカフェたらしめている要素はなんなのだろう？

ニコラはさまざまなジャンルを軽やかに横断して、充実した食とアートを同じ地平で楽しませてくれる。音楽ライブ、作家や画家のトークイベントなど、顔ぶれの素晴らしさは感嘆するばかりだ。

集団や流行とは距離を置き、小さなカフェとして東京の街角で生きる覚悟を決めているニコラは、不要不急の美しい刺激に満ちた時間こそが人生の醍醐味なのだと、耳元にささやきかける。

カフェは舞台装置のようなもの。
ふだんは気恥ずかしくて口にできないけど、
コーヒーというフィルターを通せば
「良い1日を」という言葉で感謝の気持ちを表現できるから。

内野陽平 「THE GOOD GOODIES」店主

THE GOOD GOODIES ザ グッドグッディーズ
神奈川県鎌倉市御成町 10-1
Tel 0467-33-5685
HP：thegoodgoodies.jp
Instagram：@ thegoodgoodies

今朝もこの場所から良い1日が始まる

地元の人々が行き交う商店街の横道に、時間帯によってさまざまな光景が生まれる立ち飲みのコーヒースタンドがある。朝は出勤する人々がコーヒーをテイクアウトしていき、午後は老若男女が若い店主と言葉を交わしたりケーキを楽しんだりしながら穏やかな時間を過ごしていく。

カウンターでコーヒーを抽出する店主の内野さんは、必ず「良い1日を」という言葉を添えてお客さまを送り出す。受け取った人の気持ちをふっと明るくする、誰でも使えるシンプルな魔法である。

コーヒーを主役にしたカフェには2通りのタイプがある。コーヒーそのものの魅力を伝えようとするカフェと、コーヒーをツールとして街に気持ちのいい場所をつくろうとするカフェ。内野さんは明確に後者を志向している。

よく母親に手を引かれて来店する幼い男の子が真似をして、家で「良い1日を」と言うようになったという愉快なエピソードを聞いた。一軒のお店から小さな清々しい幸福の波紋が生まれ、同心円を描いて街にひろがっていく、そんなイメージが思い浮かぶのだ。

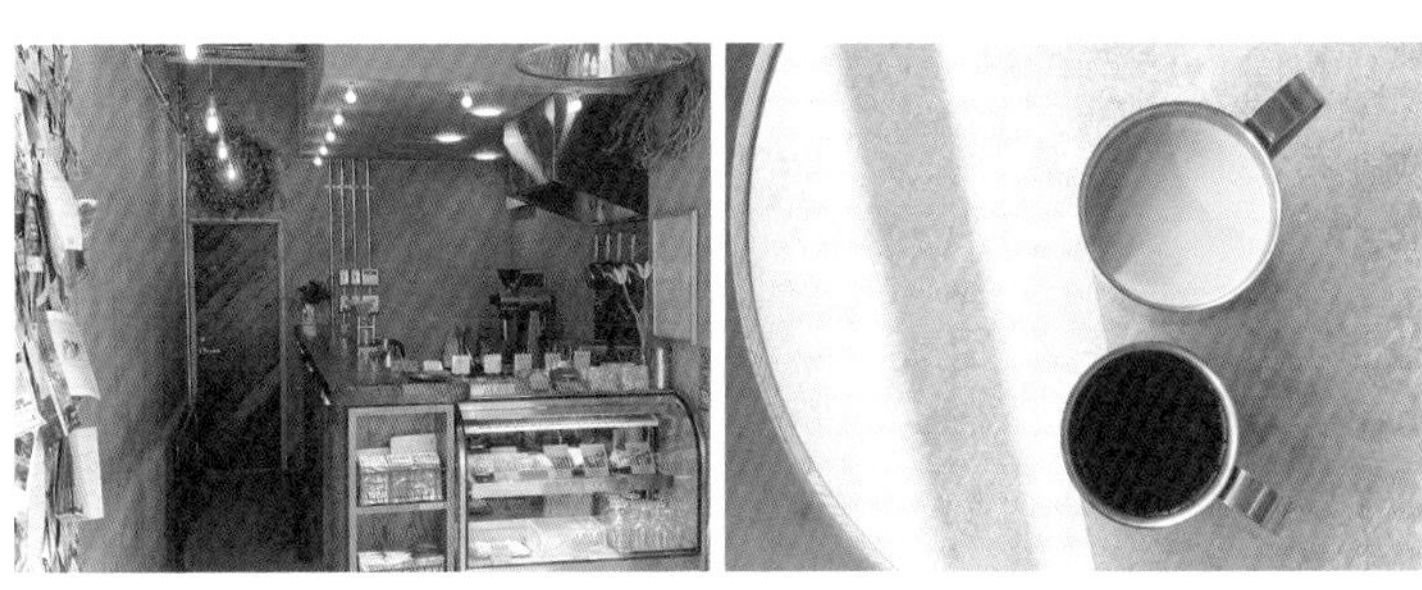

カフェの本棚や音楽やインテリアは、
店主によるリツイートやシェアみたいなもので、
目に留まったものを手にとってみると、
今の自分にぴったりな情報が手に入れられたりします。
リアルな店舗とはそういう場所。
個人経営のカフェの多くは、ただの商売道具ではなく、
生きる意味そのものでした。

近藤伸 ｜「classic」店主

classic　クラシック
北海道函館市谷地頭町 25-20
Tel 非公開　HP：classic-hakodate.jimdo.com
Twitter：@ClassicHakodate
Instagram：@ classic_hakodate

函館の空の下で、そっと問いかける

函館駅から延びる市電の終着駅、谷地頭。海と山に抱かれて昭和の町並みがひっそりと残る一角で、「クラシック」は確かな磁力を放ちながら人生にカフェを必要とする人々を惹きつけている。

古びた一軒家を改装した空間に漂うコーヒーのほのかな湯気。地元の新鮮な食材を用いて工夫を凝らしたスイーツやサンドイッチ。飴色のアーコールチェア。本。小鳥の巣箱。

だが、店主の近藤さん夫妻は、カフェという言葉が呼び起こす風景が変わってしまったのを危惧している。かつて東京で生活していたふたりは、その場所で時間を過ごすことが目的になるような個人オーナーの魅力的なカフェを体感していた。生きるヒントを発見したり、思いがけない人やものとの出会いが降ってきたりする場所。

そんな存在であればという願いと現実の境界線に立ちながら、訪れる人を優しく迎え入れているクラシック。毎日、読書の時間を過ごしに来る人がいる。彼は心に響いた小説は数年おきに繰り返し読み、最後のページに読み終えた日付を記しているのだ。クラシックも繰り返し読まれ、人の記憶に刻まれていくのだろう。

ひとはなぜわざわざカフェ／喫茶店へ行き本を読むのか。
〈独りの時間〉と言いながら、その実、〈ひと〉を求めているのではないか。
私的領域に無闇に入ってきてほしくはないが、その気配や存在だけは。
うちのような店にくれば、他に本を読んでいる誰かがいる。
客がいなくても店主が読んでいる。
ある種、同志である。
珈琲の香に包まれ、他の誰かが近くで何かを読み、頁をめくる音がする。
たとえ言葉は交わさなくとも、そこには〈ゆるやかなつながり〉がある。

宮地孝典 「読書珈琲リチル」店主

読書珈琲リチル　どくしょコーヒーリチル
愛知県名古屋市千種区今池 4-3-17　柴田ビル 2F
Tel 非公開　HP：litir-books.com
Twitter：@litir_books
Instagram：@ litir_coffee

読み書きする時間のための自家焙煎珈琲

地下鉄駅にほど近い路地裏のビルの2階に、静謐な珈琲店のドアがある。ほろ苦く甘い珈琲を傍らに置いて本を読んだり文章を書いたりしたい人々が、そのドアにそっと手をかける。

初めて来店したときはややおそるおそる、といった表情を浮かべていた人も、帰るときには満ち足りた気配を滲ませている。自らも読書の時間を深く愉しんできた店主の宮地さんが、ひとりでも緊張せず、また視線などを気にせず本のページに没頭できるようさりげなく心を配ってくれるおかげだ。

リチルという美しい響きの店名は、アイルランド語で手紙のこと。「この店じたいがお客さまへの手紙だという思いがあります」と宮地さんは言う。書棚に並ぶ本、珈琲、空間、そして接客などのすべてが、訪れる人に宛てた言葉のない手紙なのだと。

自家焙煎珈琲のブレンドには「栞（しおり）」「頁（ページ）」「香深（カフカ）」といった本や小説家にまつわる名前が与えられており、想像をかきたてる。それはリチルからの手紙の1枚目にしたためられていること。2枚目以降の読みかたは、優しくお客さまにゆだねられている。

カフェには、写真には写らない魅力があると思っています。
ひとつのお店に通い続ける良さは、体感しなければわからない。
お店の人はそのためにお客さまの顔や話した言葉を覚えているんです。
これは長年カフェを営んできた両親の姿を見て、自然に学んだこと。

櫻井大和　「cafe ASHITO」店主

cafe ASHITO　カフェアシト
石川県金沢市香林坊 2-11-5
Tel 080-9673-8010
HP：なし
Instagram：@ cafe_ashito

生粋のカフェ育ちが開いた、若さ輝くカフェ

古都・金沢の長町武家屋敷跡の裏路地に、せせらぎ通りと呼ばれる魅力的な散歩道がある。歴史ある用水沿いに個性的なショップが次々に開店し、独特の風情豊かな光景が生まれているのだ。

2018年にオープンした小さな「カフェアシト」もそのひとつ。店主の櫻井さんは東京で生まれ育ち、たまたま旅行した金沢の街に魅了されて、ひょいと身軽に移住してきた。

まだ20代の櫻井さんだが、シニアの常連客にも初めての観光客にもまっすぐな笑顔で対応する接客や、各地の気に入ったロースターから豆を仕入れるコーヒーなどが支持を得て、こぢんまりした空間には優しい表情の人が入れ替わり立ち替わり訪れる。

父親と母親がそれぞれ東京都内で長年に渡ってお客さまの支持を得るカフェを経営しており、幼い頃からカフェ文化や食文化に慣れ親しんできた櫻井さんには、その歩みから培われた世界観がある。

「父は『修業するなら他のお店で』と、僕のカフェ開業には口出ししなかったんです」と櫻井さん。カフェは人を輝かせる場所だという信条を胸に、アシトを街の暮らしに根づかせようとしている。

どんな音楽を聴いてる？　どこの街に遊びに行く？
そんな選択と同じように、「どんなカフェに行くか」は
その人の生きかたを表すんだと思う。
そういう意識でお店を選ぶと、お店との距離がぐっと近くなる。
お店を愛したぶん、お店もお客さんを愛してくれる。

山本宇一　「LOTUS」「バワリーキッチン」オーナー

LOTUS ロータス
東京都渋谷区神宮前 4-6-8
Tel 03-5772-6077
HP：heads-west.com/shop/lotus.html
Instagram：@ lotus_omotesando

東京のダイナーカフェの先駆者

１９９９年にスタートして東京カフェの熱気を全国に知らしめた発火点「バワリーキッチン」と、続いてオープンした「ロータス」は、食堂（ダイナー）カフェの先駆者として大きな影響をもたらした存在だ。

オーナーの山本宇一さんがデザイナー形見一郎さんと創造した２店は、それまで東京にはなかった刺激と快適さに満ちていた。

スタイリッシュでありながら肩の力の抜けた空間に、定食屋のようなメニューが豊富に揃うという意外性。深夜まで作りたてが食べられるうれしさ。ニューヨークのカフェを思わせる距離感の近い接客。漂うアメリカンカルチャーの魅力。

街の人々やクリエイターが集まって醸しだす活気の中に身を置いていると、都市のリズムと自分の鼓動がぴたりと一致していくような快感があった。山本さんはその状態を「いいグルーヴ」と表現する。人と空間と料理、あらゆる要素が響き合って生まれる幸福な瞬間があるのだと。

バワリーやロータスのようなカフェを楽しむことは、都市を楽しむことと同義語だ。それは開店20年を過ぎた現在も変わらない。

カフェは平和のシンボル。
戦争になったらカフェは真っ先になくなるだろう。
有事が起きた途端、カフェを楽しむ人々の心は
何処かに消えてしまう。
だから普段、カフェでコーヒーが飲めることは
何よりも無事な証拠なんだよ。

市川草介　「MORIHICO」代表取締役

カフェというリラックス空間は、
同時に刺激的な空間でもあります。
なぜなら、リラックスすると五感が解放されて
音や香りに敏感になるから。
そういう状態でいると、
友人と深い話ができることもあります。
刺激やコミュニケーションをきっかけに、
新しい音楽や文化が生まれれば。

武田康伸　「Neuf cafe」オーナー　※閉店

たとえ目が不自由でも、いいカフェは音でわかる。
扉を開けた時の空気感、足音の響き、店主の声のトーン……
それらがどんなカフェか教えてくれる。

渡部隆　青年時代から珈琲店やカフェに通い続けてきた良き客人

chapter 2

喫茶店をめぐる言葉

喫茶店は「自分と過ごす時間」を大切にする場所。

Chen 「FROM AFAR」店主

FROM AFAR フロムアファー
東京都台東区寿 2-5-12 1F
Tel 非公開
HP：fromafar-tokyo.com
Instagram：@01_119

洗練された現代の喫茶空間

道行く人の視線を惹きつける重厚な外観。東京の旬の空気をふんだんに湛えながら、なぜかふと異国の街角のカフェに瞬間移動したような錯覚を楽しませてくれる店内。古伊万里を多く揃えたコーヒーカップ。銀彩皿の上に、季節感あふれるタルト。

路地裏の倉庫を改装してオープンして以来、FROM AFARはオーナーが趣味で集めていた古道具やアンティーク家具を活かした陰影豊かな空間づくりと、見目麗しいスイーツの数々で、移転後の現在まで訪れる人の心を確実にとらえてきた。

ここはカフェ、それとも喫茶店？——という正解のない質問を投げかければ、多くの人が第一印象から「カフェ」と答えるはずなのだが、お店づくりのベースにはオーナーが学生時代から喫茶店に通って過ごしてきた時間の堆積がある。

喫茶店では自分と過ごします、とオーナーは語る。ふだん仕事やこまごまとした用事を抱え、人間関係の中で喜怒哀楽に揺れている人ほど、ひとりになって自分と会話を交わす時間が必要。テーブルの向かいの空いた椅子にはもうひとりの自分が座っているのだ。

喫茶店は信じる者にとっての教会のような存在。
日々がどんなに辛くて大変でも、そこに30分も座っていれば、
なんとか生きていけるだろうと感じられた。

平良巨 「トムネコゴ」店主

トムネコゴ
東京都三鷹市井の頭 3-32-16 セブンスターマンション 1F
Tel 080-6502-0406
HP：thomnecogo.seesaa.net
Twitter：@thomnecogo

珈琲と読書と音楽。心の糧となる喫茶空間

井の頭公園そばの古いマンションの一室。公園の木立ちが「トムネコゴ」の窓辺に緑の影を落とし、音楽を淡くゆらめかせている。メニューの主役はネルドリップの珈琲とケーキ。店主の平良さんは「珈琲もケーキもあくまでもトムネコゴの一部であって、すべてではない」と語る。たとえば読書するお客さまが醸しだす空気も大切な要素だし、雨の夕暮れどきに店内にたちこめる薄闇も、トムネコゴという名状しがたい空間を構成する一部だ。

平良さんには20代の頃、救いを求めるように一軒の喫茶店に通った時期があった。それは黙って音楽や小説の世界に浸りながら過ごせる場所で、「この先どう生きていけばいいのかわからなかったから、喫茶店に救いを求めて心の糧を得ていました」と言う。

しかし、その喫茶店はひっそりと閉店してしまう。行き場を失くして路頭に迷ったような心境に陥ったがゆえに、自分で喫茶店を始めたのだ。それはいま、必要としている誰かにとって「30分も座っていれば、なんとか生きていけるだろうと感じられる」教会のような存在になっているはずだ。

はぐれてるやつには喫茶店が必要なんだよ。
たとえ1日に30分だけでも座って、
自分をまとめるための場所が。

今沢裕 「いーはとーぼ」店主

いーはとーぼ
東京都世田谷区北沢 2-34-9 トキワビル 2F
Tel 03-3466-1815
HP：ihatobo.exblog.jp

濃密な喫茶店カルチャーに浸る

1977年に下北沢一番街の角の小さなビルの2階に開店して以来、小さな空間の簡素な佇まいはほぼ変わらない。思わず耳をそばだて、店主にミュージシャンの名前を訊ねたくなる音楽が響き、書架には刺激的な本が隙間なく積みあがっている。

店主の今沢さんは音楽評論家、編集者としても活躍し、長年にわたって自身の耳と目の更新を怠ることなく新譜と新刊を追い続けてきた。ゆえに店内はそんな音楽と書物の集積。訪れる有名無名のお客さまと共につくった小冊子を手に取れば、昭和の喫茶店カルチャーの濃密な空気が味わえる。

しかしここではまた、何もせずにぼんやりしているのも快適だ。「ひとりになりたくて来てる奴もいるんだからさ」と今沢さんは語る。社会にはぐれ、人生にはぐれている人間には喫茶店という場所が必要なのだと。

そのために元旦以外は毎日お店を開けている。

「『全身小説家』って映画があったけど、俺は全身喫茶店。もう喫茶店の設備の一部です」

カルタという店名は〝手紙〟を意味します。
流れている音楽も、本も、すべてはお客さまへの手紙。
喫茶店はひとりでいても寂しくない、自分をふりかえれる場所。
ひとりになって心をしずめ、
誰かに手紙が書きたくなるような
お店になったらいいなと思っています。

加賀谷真二・加賀谷奈穂美 「喫茶 carta」店主

喫茶 carta　きっさカルタ
岩手県盛岡市内丸 16-16（県民会館裏手）
Tel 019-651-5375
HP：kissa-carta.com
Twitter、Instagram：@kissa_carta

コーヒーと音楽で、北の暮らしを愉しむ

喫茶文化が根づいた盛岡の街に２００６年に開店。盛岡の街並みと文化、自然の近さに惹かれて移り住んだ加賀谷さん夫妻が営む「喫茶 carta」は、ひっそりした美しい佇まいとおいしさ、充実した音楽の催しで人々に愛されてきた。

私が2度目の carta で出会った音楽は、森ゆにが歌うシューベルト歌曲集だった。シンプルで清浄な魅力を湛えた歌声は、carta 主催のライブで披露されたこともあるという。

そんな音楽も、自家製のパンとスープのセットも、青森市の自家焙煎店から豆を取り寄せるコーヒーも、ポルトガル語で「手紙」を意味する店名の通り、お客さまへの手紙なのだと加賀谷さんはやわらかな口調で語る。

ここは誰かに手紙を書きたくなる喫茶店。そして、ポストに投函される手紙だけではなく、音楽や本という形をとった手紙も人の手から手へと渡っていってほしい、と加賀谷さん。carta はその大きな輪の中のひとつであり、この場所を訪れる人々に手渡していると同時に、お客さまからも受け取っているのだ。

雨の日こそ喫茶店に行くべきだと思うんです。
行けば、雨を帳消しにしてくれる何かをマスターが持っているはず。
わざわざ雨の日に来てくれた、とマスターも思っていますから。

江口崇臣　「COFFEEMAN」店主

COFFEEMAN コーヒーマン

福岡県福岡市中央区六本松 4-5-23（路地裏）
Tel 092-738-7051
HP：coffeeman.jp
Instagram：@coffeeman.jp

心を込めて、芳醇な自家焙煎コーヒーを

福岡市は昭和から続く伝統的な自家焙煎珈琲の名店と、最新のスペシャルティコーヒーを伝える若いロースターたちがそれぞれに研鑽を重ねており、重層的なコーヒー文化が香りたつ都市だ。

その一角の路地裏にオープンした「コーヒーマン」は、現代的なコーヒーの洗練と、喫茶店のあたたかみを併せ持つコーヒーショップ。店名が意味するのは「焙煎家」でも「バリスタ」でもなく、喫茶店のカウンターに立ってコーヒーを抽出し、目の前のお客さまに心を満たす一杯をさしだす人間であろうとする心意気である。

店主の江口さんは全国の気鋭のロースターが焙煎技術を競う競技大会「ＪＣＲＣ２０１４」で優勝した実力の持ち主。されど、街の人々の日常に根づくお店を目指して、理想とするのは「誰がどんな淹れかた、飲みかたをしてもおいしいコーヒー」。若い頃に喫茶店に通い、一杯のコーヒーを介して淹れた人と飲む人の気持ちがささやかに通いあう瞬間を体験してきた江口さんならではの思想だ。

「僕は雨男なんです。勝負ごとのある日は必ず雨」という江口さん。雨の日の喫茶店には幸運の鍵が落ちているのかもしれない。

「50年ぶりに来ました」と笑顔でおっしゃるお客さま。
タンゴが好きで通ってくださった方の、
ご遺族から寄贈されたレコード。
古い喫茶店にはさまざまなお客さまの
大事な思い出が詰まっているから、
この空間をできるだけ変えずに続けていきたいと思います。

浅見加代子 「ミロンガ・ヌォーバ」店長

ミロンガ・ヌォーバ
東京都千代田区神田神保町 1-3
Tel 03-3295-1716
HP なし

タンゴ喫茶の香気をいまに伝える

都心にまだこんな風情が残っていることが奇跡のように思われる神保町の細い路地。雨の日には傘を傾けてすれ違うのがやっと、という細い路地に、ミロンガは1953年の創業当時と変わらぬ煉瓦づくりの外壁に橙色の窓灯りをともしている。

そこは幾多のタンゴ愛好家たち、芸術家たちが集ってきた場所だ。アルテック社製スピーカーから流れるタンゴの音色は、ガラスケースに収められた年代物のバンドネオンや有名演奏家たちのモノクローム写真のしんとしずまった空気を際立たせ、さながら夜更けのタンゴ博物館のよう。その中に、小説家が原稿に向かう姿もある。

長年にわたり店長をつとめてきた浅見さんは、「途中で経営者が交替したり創業者が高齢になったりして、お店の歴史の詳細は不明になってしまった部分も多いのですが、お客さまが教えてくださいます」と笑う。

時にはこのお店を愛した故人の遺族から、タンゴのレコードや往年の写真をおさめたアルバムを寄贈されることもあるという。時代を重ねてきた喫茶店は、街と人の記憶の保管庫なのだ。

喫茶店の醍醐味は、たまたま居合わせたという理由だけで、
どこの誰とも知れない人と会話をする面白さや、
自分の「好き」の範疇にはなかった好きなものを知る喜び。

橋本菜津子　「おもて珈琲」店主

おもて珈琲　おもてコーヒー
神奈川県茅ヶ崎市浜竹 3-6-16
Tel 0467-98-1776
HP：omotecoffee.amebaownd.com
Instagram：@omotecoffee

新しい喫茶店のかたち

街に溶け込んだチョコレート色の外観は昭和から続いてきた喫茶店のようにも見えるが、「おもて珈琲」は２００９年に元飲食店を改装してオープンした新しい世代の喫茶店だ。

「喫茶店とほかの飲食店との際だった違いは、来る人の目的が食べることや飲むことだけではないこと」

そう語る店主の橋本さんが生みだす空気は自然でやわらかく、女性たちがひとり、ふたりと扉を開ける。自宅で仕事をしている人が気分転換に訪れてはカウンターに座り、本や映画の話をしていく。そのつながりから、店内の壁や本棚を利用したアート・手芸作品の展示販売や、フリーペーパー『珈琲時光』が生まれてきた。

「ここには話したくて来る人も、話したくなくて来る人も同居しています。離れた席で静かにくつろいでいたい人の気持ちもわかるので、お客さまからアピールのある要望だけではなく、無言の要望が存在していることを大事にしたいと思っています」

そんな心遣いがあるからこそ、人々はおもて珈琲で安心してしゃべったり黙ったりしていられるのだ。

喫茶店の従業員とお客さまは、
淡い関係のほうがいつまでもお互いに居心地がいい。

西原憲明 ▶「西原珈琲店」店主

西原珈琲店 本山本店　にしはらコーヒーてん もとやまほんてん
愛知県名古屋市千種区四谷通 1-8 ラフォーレ四谷 3F
Tel 052-781-4826
HP：nishiharacoffee.com
Twitter：@nishiharacoffee

端正な喫茶店が貫く精神

西原珈琲店は名古屋の繁華街と住宅街に三軒の落ちついた店舗を構えている。いずれのお店も内部に足を踏み入れると日常の世界がすっと後退していく。

カウンターを照らす青白い光。壁を飾るロールストランドやロイヤルコペンハーゲンのイヤープレート。黒光りする柱。この静かな蒼い水底に自分をかくまう――そんな気分になる。

コーヒーは神戸のロースターから豆を取り寄せてネルドリップしている。そのコーヒーに、ロールケーキやプリンがよく合う。

１９８８年、オーナーの西原さんがこの喫茶店をつくった当時は明るく開放的な喫茶店が主流で、隠れ家にこもって自分の時間に沈潜するような造りは、工事の人々にも理解されにくかったという。

隠れ家の空気を守るためには細やかな配慮が必要だ。

「スタッフにはお客さまと親しく話さないようお願いしています」と西原さん。近しい関係になると、混雑時に『常連だから注文を後回しに』などと勝手に判断するようになる。常連客も初めてのお客さまも同じように大切に、距離感を保って接客しているのだ。

喫茶店は大人になるための予備校。
自分の目的とその場の状況に合わせて、
喫茶店を柔軟に使いこなす。
そんな「お客上手」な先輩客の過ごしかたを見て、
次の世代が育っていくんです。

穴井史則 「喫茶どんぐり」店主

喫茶店のマスターの役割は、
お店の空気清浄機であり、サーモスタットでもあります。
全体の温度を察知してバランスをとり、
一定のほど良い温度に保つこと。

菅原隆弘　「逃源郷」店主

「またね」と幽霊は出たことがないと、よく言いますね。
盛り上がって「楽しかった！　また来ます」と言って帰って、
本当に再来店してくれたお客さまはいません。
黙って静かに飲んでいた人のほうがまた来てくれるんです。

西田進　「CAFE BON」店主　※閉店

コーヒー屋はパン屋のように使われるのが理想。
みんな地元に一軒気に入った店があって、
でも他の街に出かけたらその街のコーヒー屋を楽しんでみる。
競合しないから他店のバリスタとも親しくなれます。

林大樹 「ARiSE COFFEE ROASTERS」店主

スイーツとコーヒーは恋人の関係、パンとコーヒーは夫婦の関係。

田口護 「カフェ・バッハ」店主

chapter 3

コーヒーを一杯

ウイスキーは琥珀、コーヒーは黒水晶。

何万年、何億年と永い時をかけて結晶化する鉱物。
艶やかな漆黒の黒水晶は、
じっくり時間をかけて抽出されたコーヒーを連想させる。

フジイキョウコ　「鉱物 Bar by 鉱物アソビ」店主

鉱物Bar by 鉱物アソビ　こうぶつバー バイ こうぶつあそび
東京都武蔵野市吉祥寺本町 1-34-10
Tel　非公開
Twitter：@KoubutuAsobi
Instagram：@koubutuasobi_info

無限の鉱物世界を五感で味わう場所

ビルの2階の奥に俗世から隠れるように開かれている「鉱物バー」は、「お菓子みたいな鉱物、鉱物みたいなお菓子と飲物」を心ゆくまで味わうための空間。カウンターの特注ショーケースの中で、色とりどりの鉱物標本が繊細な光に照らされて惑星のように浮かびあがり、お客さまを時空を超えた宇宙へ誘っている。

店主のフジイさんは『鉱物アソビ』などの本を上梓し、2008年から、今までにない想像力豊かな遊び心で、新しい鉱物の魅力を提案している。

どのメニューを注文しても、想像力豊かな遊び心と美しさに感嘆してしまう。重晶石をはじめとする鉱物に見立てた、月替りの美しい「鉱物菓子」。菫色や水色の液体に目を奪われる薬草酒（エリクサー）のカクテル。うつわには試験管やビーカーなど理化学ガラスが用いられている。

コーヒーはその漆黒から黒水晶と名づけられ、水晶の六角柱結晶を連想させる角形のドイツ製標本瓶に注いで提供される。

「コーヒーは、店の哲学や想いが凝縮した漆黒の宇宙。飲みながら手のひらにのる小さな鉱物の壮大な宇宙を感じて」

コーヒーは「飲む音楽」。

奥野薫平　「六曜社」1階店主

六曜社　ろくようしゃ
京都市中京区河原町三条下ル大黒町 40
Tel 075-221-2989
HP：rokuyosha-coffee.com

三代目が受け継ぐ京都の喫茶文化

全国の喫茶店好きに知られる「六曜社」は、1950年に故・奥野實さんが開店し、街のサロンとしても京都散策の名所としても長く親しまれてきた。現在、地下店では息子の奥野修さんが、1階店では孫の奥野薫平さんが、それぞれ自ら焙煎するコーヒーを提供しながら家族経営で「100年続く喫茶店」への日々を歩んでいる。

六曜社を受け継ぐ前の数年間、自身のお店「喫茶feカフェっさ」を営んでいた薫平さん。不思議な店名には、喫茶店やカフェという区別を超えて老若男女が集まる場所という理想が込められていた。

コーヒーは「飲む音楽」――当時の薫平さんから、想像力を刺激するそんな言葉を聞いた。産地ごとに個性の異なるコーヒー豆が持つハーモニー、お客さまの声や食器を洗う音などが響き合い、最高のBGMが店内にひろがることがあるのだと。

「もし音楽が何かを伝えるものであるなら、一杯のコーヒーも、それをさしだす相手に何かを伝えるもの」

薫平さんは六曜社の伝統を守りながら小さな進化を重ねようとしている。その音楽にも新鮮なコードが顔を見せているはずだ。

珈琲は弱者への嗜好品。

蕪木祐介

「蕪木」店主

蕪木　カブキ
東京都台東区三筋 1-12-12
Tel 03-5809-3918
HP：kabukiyusuke.com
Instagram：@kabuki__

自己の内側に籠もるための珈琲とチョコレート

自家焙煎珈琲とチョコレートの組み合わせの妙を楽しませてくれる「蕪木」は、蔵前の静かな路地裏にひっそりと店舗を構えている。古い一軒家の1階を焙煎とチョコレート製造・販売スペース、2階を喫茶室に改装。メニューには風雅な名のついたブレンドや店主が特別な思いを寄せるモカ各種が並び、カウンター席に座って目を閉じれば、抽出中のコーヒーが小さな銅鍋に滴り落ちる微かな音が聞こえてきて、雑念がすうっと遠のいていく。

喫茶店とは自分の内側に籠もることのできる場所であり、魂を鎮める空間である。

店主の蕪木さんはそう定義し、目まぐるしく更新されるコーヒーシーンから遠く離れ、独自のゆるぎない世界を構築してきた。ここでは、珈琲とは疲弊した人にそっと寄り添う嗜好品――彼自身の表現でいえば「弱者への嗜好品」なのだ。

ゆえに店内は、沈んだ気分の人が避難できるように美しい暗がりを整えている。ランプの淡い光線も、距離を保った折り目正しい接客も、うつむいたまま珈琲を啜りたい人のためにある。

コーヒーは手紙です。

甲斐隆史 「BLACKWELL COFFEE」店主

BLACKWELL COFFEE ブラックウェル コーヒー
東京都武蔵野市吉祥寺本町 3-3-10
Tel 0422-27-1481　HP：blackwellcoffee.net
Twitter：@blackwellcoffee
Instagram：@blackwell.coffee

コーヒーは巡り巡っていく不思議な手紙

街の人々に「おいしいだけじゃなくて、なんかいいよね」と親しまれているコーヒー店。その言語化できない「なんかいい」の中には、いったいどんな秘密があるのだろうか。

店主の甲斐さんは言葉をしたためるように手廻し式の焙煎機で生豆を手焼きし、一杯ずつ淹れて手渡すことを大切にしてきた。

「何かありましたか？」「いいことがあるといいですね」

お客さまの顔を見てそんな「手紙」を淹れる。ゆえに同じ銘柄のコーヒーでも、日によって、人によって、味は変わる。

「僕は心を込めてお一人お一人にコーヒーという手紙を書くことが自分の仕事だと思っていました。ところが最近、手紙を書いているのは僕じゃないと感じるようになりました。実はお客さまご自身が、僕の淹れるコーヒーを通して、自分宛てに手紙を書いているんじゃないだろうか。そしてそれを読みながらこの空間でゆっくりとニュートラルな自分自身に戻っていく。その心地良さが、なんかいいよねということなんだと、今ではそう思っています」

コーヒーとはなんと不思議な、文字のない手紙なのだろう。

コーヒーは生活必需飲料。

丸山健太郎 ● 「丸山珈琲」社長

丸山珈琲 軽井沢本店　まるやまコーヒー かるいざわほんてん
長野県北佐久郡軽井沢町軽井沢 1154-10
Tel 0267-42-7655　HP：maruyamacoffee.com
Twitter：@MARUYAMA_COFFEE
Instagram：@maruyama_coffee

日常生活にアクセントをつけるコーヒーの力

軽井沢の喫茶店からスタートし、現在では東京を中心に何軒もの洗練された店舗を構える「丸山珈琲」。そのクオリティの高さにはコーヒー中毒者も初心者も絶大な信頼を寄せている。

社長の丸山さんは日本にスペシャルティコーヒーを広めてきた先駆者のひとりである。高品質の豆を求めて世界中のコーヒー農園を駆けめぐり、また優れたカッパーとして多くの国際品評会から審査員に招かれてきた。

その丸山さんの口から「じつは家で自発的にコーヒーを飲むことは少なかったんです」と意外な言葉を聞いたのは２０２０年夏のこと。新型コロナ禍の外出自粛期間中に自宅で過ごす時間が増えるにつれ、コーヒーを淹れて味わう時間が輝きを増していったそうだ。

「日常のルーティンが少なくなった生活の中で、コーヒーが1日のアクセントになるんですよ。コーヒーを点てる行為そのものが楽しくて心を鎮めてくれる。コーヒーは生活必需品なのか、それとも嗜好品なのか。私はこの〝巣ごもり〟期間にコーヒーが持っている〝生活必需飲料〟としての力を強く感じました」

コーヒーはコミュニケーションツール。
一杯のコーヒーを介して世界各国の人と交流できる。

鈴木康夫 「TRUNK COFFEE」オーナー

TRUNK COFFEE & CRAFT BEER
トランク コーヒー アンド クラフト ビア
愛知県名古屋市中区上前津 1-3-14
Tel 052-321-6626　HP：trunkcoffee.com
Twitter：@TRUNKCOFFEE　Instagram：@trunkcoffee

中国に進出した名古屋の人気ロースター

「トランクコーヒー」は名古屋に新たなコーヒーの潮流を伝えてきた先駆者である。昭和のモーニング文化が根づいた喫茶店王国の中で、スペシャルティコーヒーを主役にしたメニューと北欧ヴィンテージの家具が並ぶ洗練された空間は、２０１４年のオープン当初、大胆かつ異色の存在だった。

おいしいコーヒーからつながるコミュニティで、街づくりにも貢献したい――そんな思いから、店主の鈴木さんは美濃焼のメーカーと協力してコーヒードリッパー「オリガミ」を制作したり、志賀高原ビールとコーヒービールを共同開発したりと多角的なアプローチを続けてきた。バリスタの育成にも力を入れ、名古屋に3店舗を展開。２０１９年末には中国に姉妹ブランドをオープンさせた。

デンマークでバリスタ修行を積んだ鈴木さんには「コーヒーは世界中の人々と友だちになれるコミュニケーションツールだ」という信念がある。オリガミは各国のコーヒー好きに注目され、バリスタ世界チャンピオンに輝いた中国のバリスタも使用していた。そこから友情が生まれ、中国に出店する推進力のひとつとなったのだ。

コーヒーにはハンドドリップのリズム、
エスプレッソにはマシン抽出のリズム。
お店がほどよく活気づく中で、
豆を挽いたりタンピングしたりしていると、
リズムにのって自分の中で研ぎ澄まされていく感覚があるんです。
そんな時はドリンクづくりに集中できると同時に、視野もひろがっていて、
お客さまのグラスの水の減り具合もよく見える。
それは〝バリスタズ・ハイ〟になった、幸福な時間です。

吉岡利征 「presto coffee」オーナーバリスタ

presto coffee プレストコーヒー
愛知県名古屋市名東区一社 1-46-2 エトワール一社 1F
Tel 052-977-5331
HP：prestocoffee.jimdo.com
Instagram：@prestocoffee

エスプレッソの魅力はリズムにあり

２０１０年にオープンした「プレストコーヒー」は、カフェラテやカプチーノ、リキュール入りのカフェ・コレットなど、エスプレッソの愉しみに特化したカフェ。お供のスイーツにもエスプレッソを用いた、このカフェならではの品々が並んでいる。

全面ガラス張りの明るい店内のカウンターには気さく、かつ礼儀正しいバリスタが立っている。ラ・マルゾッコ社製のエスプレッソマシンを駆使して高品質なコーヒー豆から豊かな表情を引き出すのが彼らの第一の仕事だ。

だが、それだけではない。エスプレッソやお店について詳しい説明を求める人には丁寧で楽しい会話を、求めていない人にはやわらかい笑顔を。そうして空間全体のリズムをつくりあげる。

勢いよくコーヒー豆を挽く音。フィルターを打ちつける音。ミルクを温める蒸気音。グラスが触れ合う音。人の声。音楽。それらが渾然一体となった快いリズムの中に、バリスタの幸福な時間があるとオーナーバリスタの吉岡さんは言う。そんな状態のカフェに居合わせたお客さまも幸せだ。

コーヒーは頭を覚醒させ、
日本茶は全身を清めるような気がします。

野村栄一 ▶「長屋茶房 天真庵」店主

長屋茶房 天真庵　ながやさぼう てんしんあん
東京都墨田区文花 1-6-5
Tel 090-2673-5217
HP：tenshinan.jp

失われつつある伝統文化を継承する長屋

ブルーグレイに輝く東京スカイツリーの足元に、東京大空襲を奇跡的に免れた木造の家々が点在しているのは少し不思議な光景だ。「天真庵」店主の野村さんは、その一角で25年以上空き家となっていた長屋を改装して藍色の暖簾を掲げた。

メニューは野村さん自身が腕をふるう蕎麦と自家焙煎珈琲。蕎麦打ちは名人・高橋邦弘さんのお店で修行し、珈琲は京都のからふねやで学んだ。

しかし天真庵の名物はそれだけではない。2階の和室には、日によっては清冽なお茶の香りが漂っている。天真庵は下町の伝統文化を継承する一種の寺子屋として、蕎麦打ちや煎茶道、味噌つくり、金継ぎなどさまざまな教室を催しており、野村さん夫妻のあたたかで飾らない人柄に惹かれた人々が集まってくるのだ。

中でもユニークなのが「かっぽれ」を踊る会。指導にあたる80歳の女性は、ご近所に住む生粋の江戸っ子である。

「この界隈には浅草・向島の花街文化である幇間（ほうかん）芸がまだ残っているんです」と野村さん。自身が習いたくて催しているのだという。

自分の中の憑きものを抑えてくれるのが珈琲屋だった。

姫野博
「KUSA. 喫茶 自家焙煎 COFFEE+PAN.」店主

KUSA. 喫茶 自家焙煎 COFFEE+PAN.
クサきっさ じかばいせんコーヒープラスパン

千葉県長生村一松乙 1987-14
Tel 非公開
kusacafe@lime.plala.or.jp

潮風と詩の香気を自家焙煎の珈琲にのせて

永遠とも思えるほどに長い砂浜海岸の終わるところ、房総半島・九十九里浜の南端。海の気配を含んだ空気の中に「KUSA. 喫茶」はぽつねんと建っている。

草の生い茂る土地を手に入れ、半分セルフビルドで家とカフェを建てて東京から移住したのは姫野さん夫妻。海辺の静謐な修道院を思い描きながらつくったという空間で、夫の博さんがスペシャルティコーヒーを焙煎し、妻の優子さんがお菓子を焼く。

その味と独特の佇まい、夫妻の暮らしが強い磁力を放っているのだろう、喫茶室には遠方からも人々が訪れており、珈琲豆は各地の〝他では味わえない一杯〟を提供するカフェで愛用されている。

博さんは高校時代に思索の時間を求めてひとりで珈琲店に通っていた。表現したいという衝動。詩人としての模索。珈琲店は心に渦巻くそんな〝憑きもの〟を鎮めてくれる場所だったのだ。

2019年には『極彩色の孤独』と題した詩集を共著で出版。焙煎する時に思い浮かべているのは「自分の感性と格闘している人たちの姿」というその珈琲から、潮風と詩の香気がたちのぼる。

コーヒーを介したご縁は不思議と長く続く。
遠く離れて10年くらい音信不通であっても、
ちゃんとつながっていて、また巡りあえる。

牧野洋己 「狸森焙煎所」店主

狸森焙煎所　むじなもりばいせんじょ
山形県上山市狸森 1198-8
Tel なし
HP：mujinamori-roasterie.com
Instagram：@mujinamori_roasterie

自然との交感から生まれる自家焙煎珈琲

狸森という地名を聞いただけで草深い山里の風景が浮かんでくる。東京で生まれ育った牧野さんは、狸森の萌えたつ新緑の美しさに魅了され、妻の紀子さんと共にその土地に眠っていた廃屋を焙煎所と美しいカフェに改修した。

商社に勤務して世界各国を飛び回っていた牧野さんだが、もともと好きだったコーヒーへの探究欲が抑えきれず、焙煎人としてマニアックなファンを持つ中川ワニさんの元に赴いた。その珈琲道は言葉だけですべてを説明・理解するのは困難であるからと、ワニさんの唯一の弟子となって修行を積み、焙煎と抽出の魔術を体得した。「狸森焙煎所」ではさらに牧野さん独自の味を実現。焙煎もドリップも型破りのスタイルだが、山々の輪郭を照らす朝の光や森の香り、土の湿度を織り込みながら焙煎されるコーヒーの味わいは、多くのファンを獲得している。

コーヒーを愛する仲間との交流は、ブランクがあっても長く続くと牧野さんは言う。コーヒーを好きでさえいれば、時間や距離を超えて、縁とあたたかな気持ちのやりとりを紡いでいけるのだ。

日本人の舌に合った中浅煎りで飲みやすく、
それでいて味に奥ゆきと余韻があるコーヒー。

前田剛 「前田珈琲」代表取締役社長

前田珈琲 文博店 まえだコーヒー ぶんぱくてん
京都市中京区高倉通三条上る東片町 623-1 京都文化博物館別館内 1F
Tel 075-255-1221
HP：maedacoffee.com
Instagram：@maedacoffee_kyoto

京都人に愛され半世紀、喫茶文化を伝える

1971年に創業し、京都市内に数店舗を構える「前田珈琲」。その魅力は、ゆったりと落ち着いたコーヒーの時間を楽しませてくれるだけではなく、京都の街角に息づく有形無形の文化遺産を未来に伝えようとしていることだ。

たとえば室町本店の建物は歴史ある呉服店を改装して品格あるくつろぎの空間を生み出し、着倒れの街と呼ばれた京都の一面や織物産業の繁栄の記憶を漂わせている。また、明倫店は廃校となった明倫小学校の教室を再生。お客さまの中にはかつてその教室で子ども時代を過ごした人がいるかもしれない。

赤い煉瓦造り洋館の一角に誕生したこの文博店は、かつては旧日本銀行京都支店の金庫室。分厚くどっしりとした扉や、高い天井から下がる灯りに、いかにも銀行らしい趣が漂っている。

創業者の血の通ったサービスの姿勢は、京都の伝統文化を支える人々の信頼も得てきた。そのおもてなしの精神について、「コーヒーは茶の湯に通じる」と二代目の前田剛さんは語る。街に根づいた喫茶文化から、京都らしいコーヒーの香りが漂ってくる。

理想とするのは、コク、旨味、甘みが押し寄せてくるエスプレッソ。

平野秀一 「時の音 ESPRESSO」店主

時の音 ESPRESSO　ときのねエスプレッソ
青森県弘前市北横町5
Tel 非公開
HP：tokinone1.tumblr.com
Instagram：@tokinone1

津軽にエスプレッソと人の音色を響かせる

青森県・弘前公園の緑からほど近い場所に、この街のエスプレッソ文化を牽引してきた小さなエスプレッソ屋がある。元はオーナーバリスタ、平野さんの祖父母の住まいだったという一軒家の引き戸を開けると、白いマルゾッコのエスプレッソマシンに迎えられる。

かつては医療機器メーカーの技術者として多忙な日々を送っていた平野さんだが、自分で道を切り拓きながら生きるために退職。最高のエスプレッソを求めて日々研鑽を重ねてきた。

「とにかく濃い味が好きです。津軽の人間はだいたいそうです」と笑う。煮干しのような癖になる旨味をもった、コク深き一杯が理想なのだという。

一杯に懸けるこだわりは細部にまで及んでいるが、平野さんがバリスタとして何より大切にしているのはお客を楽しませること、そして同業者や後進の若い人々に技術と情報をシェアすることである。この街に貢献したいという強い思いがあるのだ。

ゆるやかな時が流れる小さな空間に、平野さんを慕う街の人々が集い、ラテやアレンジドリンクを飲みながらくつろいでいる。

10人のうちひとりでも「この味でなければ」と思っていただけたら。

伊吹憲治　「伊吹珈琲店」店主

伊吹珈琲店　いぶきコーヒーてん
大阪府大阪市中央区日本橋 1-22-31（黒門市場内）
Tel 06-6632-0141
HP：ibuki-coffee.com

〝大阪の台所〟黒門市場の老舗コーヒー店

江戸時代に始まり、大阪の食文化を支えてきた黒門市場には、鮮魚を中心に青物や果物の卸売・小売店が軒をつらねている。仕入れに通う板前さんたちが休憩に立ち寄るのが「日本一濃いコーヒー」を自負する「伊吹珈琲店」だ。

「濃いけど、いつまでも舌に苦みが残ったりはしないでしょう？品質の高い豆を選んでいるから甘みがあるんです」と三代目店主。その味は時代と共に少しずつ進化しながらも、常に一瞬ぎょっとするほど濃厚、そして端正。角砂糖とミルクを加えるといい塩梅になるよう計算されている。

創業者の伊吹貞夫さんは「丸福珈琲店」の看板を掲げ、千日前、ついでこの場所に喫茶店を開いた。ふたりの娘さんがそれぞれを受け継いだが、やがて町の個性が二軒の違いを生んでいった。演芸関係者が闊歩する千日前店は華やかなビルに生まれ変わり、より多くの人に親しまれる場所へと発展。対する黒門市場店は昔と変わらぬ場所で極深煎り珈琲にこだわり、１９９０年からは店名を伊吹珈琲店と変えて地元民に愛され続けている。

ここは人が「次のこと」を始める前に
ひと息つこうとやって来る場所だから、
コーヒーは余韻を残さず、すっと消えるようにつくります。
その人が次のことにすっと移れるように。

西来昭洋　「二条小屋」店主

二条小屋　にじょうこや
京都府京都市中京区最上町 382-3
Tel 090-6063-6219
HP：facebook.com/nijokoya
Twitter：@nijokoya

スモールスペースに漂うコーヒーと音楽と

京都・二条城にほど近い小さな駐車場の奥に、家々の陰にうずくまるようにして昭和21年築の狭小住宅が残っている。最後は老婦人が独り暮らしをしていたという六畳一間・台所付き・風呂なしの質素なその家に心惹かれた人がいる。彼は2か月かけてひとりで改装をおこない、立ち飲みコーヒー店を始めた。

コンランの『small spaces』を愛読し、「小さなものが好きなんです」と物柔らかに話す店主の西来さん。古ぼけた室内をコーヒーと音楽とセンスのいい雑貨で満たし、訪れる人を楽しませている。

コーヒーは「萩原珈琲」の豆を通常の倍量用いて粗挽きにし、目の前でドリップしてくれる。オリジナルブレンドは「最初はしっかりコーヒー感を感じさせつつも、余韻はすっと消える」ことを目指したという。なぜなら、ここは主に昼間、人が「次のこと」を始める前にひと息つこうとやって来る場所だから。1日の終わりにコーヒーとだけ向き合う、そんな一杯とはおのずと異なるのだという。

コーヒーについて、またコーヒーを取り巻くあれこれについて、思索を重ねてきた人ならではの言葉に共感をおぼえる。

詩は言葉のエキス。
この一杯は珈琲のエキス。
飲むポエムや。

田中完枝 「ミュンヒ」店主

ミュンヒ
大阪府八尾市刑部 2-386
Tel 072-996-0300
HP なし

異端的コーヒーとロマンティックな詩編

コーヒー好きの間ではよく知られた存在、大阪のめくるめく個性派自家焙煎珈琲店「ミュンヒ」。店内にはマイセンなどの豪奢なカップのコレクションと、ドイツ製のヴィンテージバイク、ミュンヒが誇らしげに飾られている。

カラフルな逸話に彩られた店主の田中さんは、バイクと詩とコーヒーに限りない情熱を注いで生きてきた。

店内で提供するコーヒーは、「創作抽出（想定外）コーヒー」と称して一般的な量の数倍の豆を使用し、粉の上にわずか数滴ずつのお湯を落としながら根気よくネルドリップしていく。

一杯のコーヒーが抽出完了するまでに要する時間は、ものによっては約1時間！　待ち時間には田中さんがコーヒーと人生の物語をたっぷり語り聞かせてくれる。興がのれば、詩人・中原中也に心酔して14歳から綴り始めたという自作のロマンティックな詩を朗読する一幕も。

ワインのように樽の中で20年間ねかせた「熟成樽仕込み氷温コーヒー」は予約限定。スプーン一杯分で二千円。

珈琲は冷めてくると本来の持ち味が現れる。
女性のお化粧がだんだんとれてきて、すっぴんになる感じ。

牧義兼　「寄鷺館」店主

寄鷺館　きりょうかん
愛知県名古屋市天白区島田 1-906
Tel 052-803-5252
HP：sky.sannet.ne.jp/kiryokan-1975

東洋哲学でコーヒーを読み解く自家焙煎店

1975年に開業した名古屋の自家焙煎珈琲店。クラシック音楽の流れる空間には、常連客がのんびり新聞をひろげたり談笑したりといかにも古き良き喫茶店らしい空気が流れているが、店主の牧さんは長年にわたってコーヒーがつくりだす「気」の動きを追究しつづけてきた。もはや仙人の域である。

「コーヒーに含まれる苦みの質が大事。快い苦みは頭脳にも胃にもいい」と牧さん。

「焙煎が間違っていると飲んだ後にだるくなるなど、何かしら体に作用が表れる。理想的なのは〝頭寒足熱〟になるコーヒー」

愛読する『老子』や古武術書には、余白に書き込みがびっしり。老荘思想をコーヒーや焙煎の比喩として読み解いているのだ。たとえば万物の根源としての深遠な「玄」というキーワードは、黒をも意味する。その黒はのっぺりした黒色ではなく、ほのかな赤みを帯びた墨色の重なり。まさにコーヒーの色である。

ネルドリップした一杯は、優しい苦味を含んだ液体が喉をするりと滑り落ちて、爽やかさだけを残して消えていった。

「コーヒーは冬の夜がいちばん旨い。
しみじみとあったまる」
そう言うお客さんたちがいるんです。

阿部哲夫・阿部次郎 「カフェ アラジン」店主

カフェアラジン
栃木県足利市有楽町 栃木県立足利女子高等学校 北西側路地
Tel 090-7009-0188　HP：arajin.ewigleere.net
Twitter：@arajin_jiro3
Instagram：@4126jiro

路上で50周年を迎えるコーヒー屋台

夕方5時に開店する屋台「カフェアラジン」は、栃木県足利市の路上でコーヒーだけを売り続けてきた。一杯四百円。屋根や壁が存在しないゆえ、雨や風の強い日はお休みだ。

日が傾いた頃、店主の阿部さん兄弟はリヤカーを改造した屋台を引いてきて舗道に設置し、椅子を並べてコーヒーの支度を始める。ランタンやランプが次々にともされ、舗道を淡く照らす。灯油ストーブの上にはお湯を張った鍋が置かれる。その中でコーヒーカップが温められて出番を待つ。

路ばたにはもう待っているお客さまが数人いる。半世紀近く続いてきたコーヒー屋台の噂を聞いて、日本中から人々が訪れるのだ。

創業者は外国船のコックとして各国を巡っていた阿部弥四郎さん。中近東で出会った路上カフェに憧れ、退職後に65歳でコーヒー屋台を始めたという。弥四郎さん亡き後に後を継いだのがふたりの息子たち。柔和な物腰の兄・哲夫さんは裏方に徹し、威勢のいい口調の弟・次郎さんが表に立ってお客さまたちと言葉を交わす。

星空の下、ベンチに並んで啜るコーヒーは本当に格別なのだ。

珈琲店は決して店主のものではない。
珈琲店はそこに来る一人一人のものだ。
一人一人の何かが充満する場所。
人の思いは計り知れない。
立ち入ろうとしてできるものではないし、
わかろうとしてわかりうるものでもない。
そういうものが密集している。

大坊勝次 ■「大坊珈琲店」店主

CLOSED

2013年 閉店

語り継がれる自家焙煎珈琲店の魅力

東京・青山の小さなビルの2階に開店し、2013年末に建物の取り壊しにより惜しまれつつ閉店するまで、38年間にわたって多くの大人たちに敬愛された「大坊珈琲店」。黒光りする松の一枚板のカウンターは歳月を重ねるうちに反り返って、端の席に置かれる珈琲カップは微妙に傾いていた。

毎朝、店主が手廻しの焙煎機でローストしていた珈琲の深い味わいと、凛とした気配の流れる空間に存在していた〝何か〟が、向田邦子や村上春樹といった作家たちも含めて、変化の速い東京で生きる人々の心を強くとらえていた。

その〝何か〟とは、沈黙の内に交わされる店主とお客さまとのささやかな心のやりとりだ。言葉にしなくとも、注文を受けて豆を挽き、銀色のポットを傾けて一滴ずつお湯を滴らせ、丹念に珈琲を抽出していく店主の姿から伝わってくるものが確かにあったのだ。飲む人がそれぞれに感じ取り、じっと考えをめぐらせ、心に刻んでいく。

閉店後の現在もファンの声は根強く、全国のカフェなどが大坊さんを招いて「1日大坊珈琲店」を催している。

珈琲には拭いきれぬブラックな歴史背景があります。
私の仕事は、すべて肯定される綺麗ごとではないのです。
だからこそできる限り丁寧に扱って、
純粋に納得のいくところまで仕上げようと、
生豆、焙煎、場、抽出、
一杯一杯に１００％の精神力で向かいます。

長沼慎吾　「ねじまき雲（陽）」店主

ねじまき雲（陽）　ねじまきぐも（よう）
東京都国分寺市東元町 2-18-16 吉野ビル 104
Tel 0428-85-9228
HP：nejimakigumo.bitter.jp
Instagram：@nejimakigumo

その珈琲に涙する客人もいて

個人経営の小さな自家焙煎珈琲店には、往々にして店主の歩んできた人生のすべてが凝縮され、風に吹かれている。風をもたらすのは市場経済と、扉を開けて店内に入ってくる客人たちだ。

珈琲好き、そして珈琲店好きの人々が篤い信頼を寄せる「ねじまき雲」は、２００６年に青梅の古びた一軒家でスタートした。

真摯に珈琲探究を続けてきた店主の長沼さんは、当初、自身の珈琲に並々ならぬ自信を抱いていたそうだ。しかし、それは静かな郊外の街では受け入れられなかった。あまりにも暇なので、入口に貼り紙をして近くの多摩川べりを散歩する日々。

「ちょうどひとり分がすっぽり収まる窪みがあって、そこから川を眺めていました。ずっと見ていると次第にいろいろなものが見えるようになる。川底を魚が泳いでいるのも見えてくるんです」

孤独の中で掬いあげたそんな発見の数々は、珈琲の味づくりに活かされていった。やがて人気店となったねじまき雲には、時おり珈琲を飲みながらひっそりと涙を流す客人の姿があるという。彼らは珈琲カップの底に自分だけの透明な魚を見つけたのかもしれない。

盛岡は居心地の良い喫茶店のような街。
この街で珈琲をつくり続けて26年経ちました。
いつのまにか世紀を跨ぎ、時代の変化は加速度を増し、
人の考え方も百花繚乱。
珈琲店もバリエーションに富んだカタチで街の中に在ります。
「珈琲店の数だけコーヒーの味がある」
尊敬するマスターの言葉ですが、
盛岡そして岩手にはこの言葉にピッタリな雰囲気が
漂っているのかもしれません。

関基尋　「ねるどりっぷ珈琲 機屋」店主

コーヒーは時間を止めるもの。

一杯のコーヒーを飲むとき、
想像力は自由に羽ばたいて別世界を浮遊しています。
飲み終えるといつもの日常が戻ってきます。
コーヒーを飲んでいた間は、
まるで時間が止まっていたように感じるんです。

柴垣希好　「月と六ペンス」店長

一杯のコーヒーに、淹れた人の心が浮かんでいる。

狩野知代　「グラウベルコーヒー」店主

コーヒーとは「なくても困らない、ないと物足りない」もの。

田中慶一 ■「甘苦一滴」編集人

「自家焙煎の深煎りネルドリップ珈琲」といえば、
珈琲好きの嗜好品というイメージがあるかもしれません。
この種の珈琲になじみのない方には
「濃い・苦い・ぬるい・遅い」というネガティブな四拍子。
ですが、愛好家にとっては
「とろりとしたボディと他では得難い甘苦さ」と評価は逆転します。
僕は、もっと幅広い層にこの種の珈琲の美味しさを
愉しんでいただけたらという思いで珈琲づくりに臨んでいます。

吉岡孝志　「HiFi Cafe（吉岡珈琲）」店主

chapter 4

流儀とメニュー

理想の味は「お客さまが想像している通り」の味。
感動してもらいたくはないんです。
そういうお店には、次に来店した時もまた感動を求めたくなるでしょう。
でも、感動はすぐ頭打ちになってしまうし、
そこに毎日通いたいかといったら違うと思うんです。
近隣の人々が日常的に立ち寄るには、
その日の自分のリズムに合わせて
想像した通りの味が素直に出てくるようなカフェが使いやすい。

西谷恭兵　「COFFEEHOUSE NISHIYA」オーナーバリスタ

COFFEEHOUSE NISHIYA コーヒーハウス ニシヤ

東京都渋谷区東 1-4-1 尚豊ビル 1F
Tel 03-3409-1909
coffeehousenishiya.com
Instagram：@coffeehousenishiya

粋な空間を支えるバリスタの矜持

イタリアのバールを思わせる「コーヒーハウス ニシヤ」は、大人のお客さまも同業者も敬意を払う人気店。２０１３年の開業以来ずっとバリスタとしてカウンターに立ち続けてきた西谷さんの佇まいには、彼ならではの自信に満ちたスタイルが感じられる。

颯爽とした身のこなし。エレガントにカップを差し出す神経の行き届いた指先。粋なベストとネクタイ。気さくな会話。

通算15年に及ぶバリスタ生活から生まれた流儀の一例を挙げるなら、たとえばすぐに廃れてしまう流行商品ではなく、ヨーロッパのバールやカフェに１００年前から存在していた定番を継承し、ブラッシュアップを重ねていくこと。お客さま第一ではあるけれど、主導権はあくまでお店にあるという姿勢。

「大事なのは空間、接客サービス、メニューという三要素のバランス」と西谷さんは語る。どれかひとつを突出させるのではなく、すべてを高い水準で安定させ、それをお客さまに意識させないのが理想なのだという。「バールで過ごす時間」をまるごと楽しんでほしいという思いの表れなのだ。

僕はカウンターの中から見える景色に魅せられた人間です。
カウンターの中に自分の居場所があって、
そこからお客さまが食事をしている景色が見える。
それはとても心地いい景色なんです。

米田順二 「腰越珈琲」店主

腰越珈琲　こしごえコーヒー
神奈川県鎌倉市腰越 2-12-10
Tel 090-1673-2515
HP：caferemington.blog90.fc2.com
Instagram：@koshigoe_coffee

ノスタルジックな街の風景に溶け込んで

湘南の住宅街の細い路地を入ったところに、大正時代の木造家屋を喫茶店に活用した「腰越珈琲」がある。

満席になってもゆったりした空気感が漂っている理由は、ひとつには古い家の間取りをそのまま活かして各部屋を個室のように使っているため。畳の個室あり、ソファを置いた洋間あり。ご近所さんも湘南に遊びに来た人々も思い思いにくつろいでいる。

もうひとつは店主の米田さんが喫茶店という仕事に注ぐ深い愛情にある。たとえば、コーヒーはおかわり自由。しかもサーバーに保温しておくのではなく、そのつど新鮮なコーヒーを淹れてサーヴィスしているのだ。

「一杯ずつ淹れたほうがおいしいし、これはお店からの『のんびりしてくださっていいですよ』というメッセージなんです」

カウンターに立って喫茶店の風景を眺めているのが本当に楽しいので、休むと逆に疲れてしまうと米田さんは言う。珍しく体調を崩して3日間休んだ時には、お客さまに「お店がなくなったら困るからしっかり休んで！」とお願いされたそうだ。

一期一会という言葉は、今日来たお客さまが明日来ても
同じ気持ちで迎えられるという意味だと思っているんです。

堀正行　「musico」店主

musico　ムジコ
愛知県名古屋市名東区上社 2-59
Tel 052-774-0266
HP：musicoffee.net

音楽＋コーヒー＝ムジコ

music coffee musico

白い壁にドリップポットを描いた小さな看板。窓辺に淡い色の薔薇の花。古いマンションの1階にある「ムジコ」は、ネルドリップするコーヒーと種類豊富な紅茶、チーズケーキとスコーン、サンドイッチとカレーなど、いかにも正統派喫茶店のメニューを楽しませてくれる小さな快い場所である。

静かな店内に、店主の堀さんが近所の古い時計店で見つけたというドイツ製の柱時計が重厚で豊かな鐘を響かせる。時を経たオーディオ装置からジャズが聞こえる。

かつて名古屋にあった知る人ぞ知る名店「木曜日」で働いていた堀さんは、木曜日の閉店後、家具やカウンター、食器などを受け継いで「ムジコ」を始めた。往年の名店の味わいを求めて木曜日の常連客が訪れる一方で、新しいお客さまも堀さんならではの喫茶のひとときを楽しんでいる。

「同じ毎日のようでいて、日によってお客さまのテンションも違うんです」と堀さんは静かな声で言う。それを同じ礼儀正しさで迎え入れるというのがムジコ流の一期一会なのだ。

時間。空間。仲間。
この3つの「間」が当店を通じてより良くなっていきますように。

井奈波康貴　「東向島珈琲店」店主

東向島珈琲店　ひがしむこうじまコーヒーてん
東京都墨田区東向島 1-34-7
Tel 03-3612-4178
HP：cfc101.com
Twitter：@higamuko101

〝何かいいこと〟が生まれる場所

東京の下町・墨田区で暮らしてみようかな——そう思わせる魅力を持った「東向島珈琲店」にはいくつもの名物がある。

おいしいもの好きを惹きつけるのは、季節の果実でつくるソースとともに舌の上でとろけるレアチーズケーキや、自家製のパテやガランティーヌをはさんだサンドイッチ。とくにファンの多いレアチーズケーキは墨田区ブランドに認定され、東京スカイツリータウン内のショップや海を越えた台湾のカフェにも提供するなど、このお店の名を広く世に知らしめた看板メニューだ。

だが意外にも、そのスタートは開店して半年ほどが過ぎた頃。お客さまの「スイーツはないの？」という声に応えたくて、と語る店主の井奈波さんの存在こそが何よりの名物なのだ。

ここにはソーシャルグッドなアイディアを抱いた人や地元企業、アーティストたちがやって来る。彼らを自然につなぎ、計画の実現や商品の誕生に一役も二役も買っているのが井奈波さん。コーヒーの湯気が漂う空間から、未来に向けた〝何かちょっといいこと〟が次々に生まれている。

紅茶の淹れかたは常連客だった森茉莉さんに教わりました。
「日本茶はどうやって淹れますか？
急須を使って、お湯を入れたら
3分くらい蒸らしてから淹れるでしょ。
うつわも温めておくでしょ。
紅茶もそれと同じように淹れてくださいっ、って」

作道明 「邪宗門」店主

邪宗門
東京都世田谷区代田 1-31-1
Tel 03-3410-7858　HP：jashumon-setagaya.la.coocan.jp
Twitter：@jashumon_coffee
Instagram：@jashumon_setagaya

森茉莉に愛された琥珀色の空間

「邪宗門」は東京・世田谷の住宅街で半世紀以上にわたって親しまれてきた喫茶店。2020年に86歳を迎えた店主の作道さんは初代・引田天功に教えを受けたマジックの達人である。

骨董品のランプや火縄銃、振り子時計や年代物のカメラに埋め尽くされた琥珀色の空間の窓辺のテーブルは、かつては小説家・森茉莉のお気に入りの居場所だった。

彼女は近くの木造アパートに住み、この喫茶店を書斎がわり、居間がわりに愛用していた。1960年代後半からの十数年間、毎朝お店にやってきては定位置に陣取り、1日中そこで原稿を書いたり読書したり人と会ったりして過ごすのを日課としていたのだ。

「森茉莉ティー」と呼ばれるメニューは、そんな彼女が店主の作道さんに淹れ方をこまかく指南した紅茶である。

「当時、喫茶店の紅茶といったら適当なもの。うちは日東紅茶をスプーン二杯分茶漉しに入れて、カップ3つの上から順にお湯を注いでつくっていたんですが、森さんは『これではだめ』と」

作道さんはにこやかに思い出話を聞かせてくれた。

上に上にではなく、下に下に根を張っていくお店になりたい。
目新しいことを次々に発信するのではなく、
〝地道にコツコツ〟を積み重ねて、
長く続く老舗と呼ばれるお店になることが目標です。

児玉和也 ▶「08 COFFEE」店主

08COFFEE ゼロハチコーヒー
秋田県秋田市山王新町 13-21 三栄ビル 2F（県立図書館裏）
Tel 018-893-3330
HP：08coffee.jp
Instagram：@08coffee

秋田の人々の日常を彩るコーヒー

カフェ好き、コーヒー好きの人であれば、いつか旅する日のために「あの街に行くならば、何をおいてもまずあのカフェへ」という一軒を心の中に書き留めているもの。「08 COFFEE」は秋田におけるその一軒である。

階段をのぼった先に待ち受ける、柔らかな静寂が漂う空間。凹凸のある白壁の表情。シンプルな内装のセンス。店主の児玉さんが焙煎するスペシャルティコーヒー。そして、美しい気配。

この〝気配〟という写真に写らなかったり写ったりする正体不明のものがカフェ好きを惹きつけてやまないのだが、そんなお店の主は儚げな人と思いきや、元ラガーマンであるというのがおもしろい。店名は全国大会に出場した時の背番号だ。

東京や仙台で数年間ずつ過ごした後、大都市ではなく故郷の秋田に戻ってお店を開くことを選んだ。それは地域に根付き、地元の人々の暮らしを豊かにすることに貢献したいという想いから。

「秋田の人においしいと思ってもらえるコーヒーを」という想いが伝わり、コーヒーのある空間を愛する人々の信頼を得ている。

「美味しい」というのは、美しいエネルギーが宿ったものを示す。

菅井悟郎 ◆「sens et sens」店主

CLOSED

2020年12月31日 閉店
sensetsens.jp

魂の渇きを潤すパンとスイーツ

「sens et sens」は、作り手と食べ手の研ぎ澄まされた感性が響き合う稀有な空間だった。

リュスティックのサンドイッチや季節のタルトなど、精緻に考え抜かれ、一口ごとに驚きをもたらす名作の数々。あるとき、それらを食べ終えた後にコーヒーを飲んでいたら、背中から足裏まで体内を涼しい風がすっと吹き抜けるのを感じたことがある。

「おいしさを形成する要素は舌で感じる味ばかりではない」と、店主の菅井さんは語る。食べる人に喜んでもらいたいという願いは、おのずと素材や道具を丁寧に、敬意をもって扱わせる。素材との対話。長年つくり続け、大事にしてきたメニューへの想い。それらを載せた一皿には美しいエネルギーが宿っている。たとえ目には見えなくとも感じられるものとして存在するのだ、と。

カフェは予約制、ひとりでの来店推奨など独自の利用ルールを設けており、ストイックで厳しい印象を与えがちだったが、集まる人々は五感でおいしさを感じとり、深く満たされていたのだろう。お店の形は変化しても、菅井さんの活動は今後も続いていく。

寿司はシャリ（米）をおいしく食べさせるもの。
サンドイッチはパンを味わってもらうもの。

成瀬隼人　「CAMELBACK sandwich&espresso」シェフ

CAMELBACK sandwich&espresso
キャメルバック サンドイッチ&エスプレッソ

東京都渋谷区神山町 42-2
Tel 03-6407-0069
HP：camelback.tokyo

元寿司職人がつくる極上のサンドイッチ

黒いオーニングに白いロゴ。カウンターには輝くシネモリのエスプレッソマシン。どこからどう見ても街角の粋なコーヒースタンドなのだが、サンドイッチを注文すると驚きの光景が見られる。

清潔な白木のまな板の上にバゲットと具材が整然と並び、箸を使った繊細な盛り付けが始まるのだ。

ひとくち齧ればさらなる驚きが待っている。たとえばバインミーなら野菜の甘みを活かした上品な鶏レバーペーストとハムの旨みに、野菜のマリネとハーブが変化に富んだ爽やかさを加える。そして、バゲットのなんという香ばしさと旨さ！

シェフの成瀬さんは寿司店で腕を磨いた元寿司職人である。完璧な厚焼き玉子をはさんだタマゴサンドも高度な技術の結晶だ。

「修行中、親方に『寿司はいかにシャリをおいしく食べてもらうか』だと教わりましたが、サンドイッチも同じです。いかにパンをおいしく召し上がっていただくかが重要なんです」と成瀬さん。

敬愛する三軒のベーカリーのパンを具材に合わせて使い分けるというこだわりに、熱いパン愛が光る。

プレートの中に四季がめぐっているのを
食べて楽しんでいただけたら。

福田大樹　「一本杉農園」店主

一本杉農園
栃木県鹿沼市西沢町 380-2
Tel 080-3453-1205
HP：ipponsugifarm.blogspot.com
Instagram：@ipponsugi_farm

半分パン屋、半分農家の美しいカフェ

畑の緑がひろがる中にひっそりと建っている古ぼけた建物。お昼どきが近づくと、にわかにその周囲に楽しげな活気が生まれる。「一本杉農園」のベーカリーとカフェが開店時間を迎え、パン好きの人々が集まってくるのだ。

地元の栃木県産小麦粉を使ったパンを購入する人。アンティーク家具を配したフランスの片田舎のような美しいカフェに座り、採れたてのみずみずしい野菜やハムをのせたサンドイッチを楽しむ人。

野菜は店主の福田さんがスタッフと一緒に裏手の畑で育てている。かつて福田さんはベーカリーに就職した矢先に小麦アレルギーに見舞われてしまい、根本から体質を改善するために無農薬の農業を始めた。その方向転換が豊かな実りをもたらしたのだ。

「カフェで提供するプレートには朝、すぐそばの畑から収穫した野菜をのせるので、お皿の中に四季がめぐるんです。今週使った大根はまだ小さい。それが成長するにつれお皿の中も変化します。やがて花が咲きますが、つぼみもおいしいので摘みたてをお皿にのせたり」

ベーカリー兼農園だからこそ可能な四季のごちそうである。

ケーキは切り分けるところから楽しみが始まります。

ホルトハウス房子 「ハウス オブ フレーバーズ」オーナー

ハウス オブ フレーバーズ
神奈川県鎌倉市鎌倉山 3-2-10
Tel 0467-31-2636
HP：houseofflavours-shop.com

ケーキの幸福をまるごと！

緑濃い鎌倉山の高級住宅街の一角に、料理研究家・ホルトハウス房子さんの洋菓子店がある。急な傾斜地に沿って建てられた木の葉型の空間は、小さな美術館を思わせる。窓辺には素晴らしい眺望。谷戸の上空を雲が渡っていき、竹林が風にしなう。

店内には「日本一高価なチーズケーキ」として名高いチーズケーキをはじめとする魅力的な洋菓子が揃っているのだが、どのケーキも購入できるのはホールのみ。

「つくりたての状態から時が経つにつれて熟成していく、その風味の変化をお楽しみいただきたいので」とスタッフ。

また、家族や友人たちと大きなケーキを囲んでナイフを入れ、切り分けていくのも心弾む時間である。ケーキの幸福を、どうぞ余すことなくまるごと味わって――微笑を含んだそんな声が聞こえてくるようだ。

カフェスペースでは紅茶などと共に一ピースのケーキがいただける。長年にわたり工夫を重ねて完成したというチーズケーキは、濃厚なのに重たくならず、うっとりするほどなめらかな舌触り。

カレーの具やスパイスを、それぞれ固有の音色を持つ楽器ととらえて、各素材をどう調理していくとどんな音楽になるのか、味見をして「中心となるヴォーカルのような味も必要だな」などと考えながらつくっています。目指すのは、人の心に届く味。

山崎篤史 「CAFE オーケストラ」店主

CAFE オーケストラ
東京都杉並区西荻南 2-20-5 恵荘 1F
Tel 03-3333-3772
HP：なし
Twitter：@cafe_orchestra

心に響くチャイとカリーのお店

いつの時代からなのだろうか、中央線沿線に個性的なカレーの名店の数々が音符のようにつらなり、妙なるスパイスの調べを奏でるようになったのは。

中でも近年、魅力的なお店が集まっているのが西荻窪。「カフェオーケストラ」もチャイと創作スパイスカリーのおいしさで親しまれている一軒だ。

軽やかなパパドをのせたサグチキンは、玉ねぎとほうれん草が生みだすまろやかな甘みと鶏肉の旨みが溶け合った一皿。いかにも時を重ねてきた喫茶店らしい焦げ茶色の空間でリラックスしながら食べていると、ふと店名のオーケストラが意味するものが気になって、店主の山崎さんに訊ねてみたのだ。

すると返ってきたのが「スパイスや具のひとつひとつを楽器ととらえています」という言葉。お鍋の中にはオーケストラがあるし、この空間もまたひとつのオーケストラなのだという。

玉ネギ、トマト、鶏肉、さまざまなスパイス……それぞれの味や香りがどんな音に変換されるのか想像してみる。

25歳でカフェを開いた時に、自分の宝物は一度全部失くしました。
一生大切にしようと心に誓ったハーレー・ダビッドソンも
手放して現金化しました。
今でも24時間お店のことを考えていて、
布団に入ってても何かひらめいたら飛び起きてメモします。

高橋翔 「ウミネコ商店」店主

ウミネコ商店
福島県いわき市小名浜大原富岡前 100
Tel 0246-51-7420
HP：umineko1203.thebase.in
Twitter、Instagram：@umineko_shouten

ウミネコが舞う街の人気カフェ

焼きたてのパン、自家焙煎のコーヒー、古道具や家具、寄せる波と泡をとじこめたような琉球ガラスの器、中古バイク。若い店主、高橋さんが奥さまと海辺の街で始めたカフェ「ウミネコ商店」は、自分たちで丁寧に仕込みをした食べものや愛情を寄せる道具を幅広く扱っており、週末には人気商品を求めて人々が行列をつくる。

24時間お店のことを考えているという高橋さんが、試行錯誤を繰り返して完成させたのが「意思の強いプリン」。最後のひとくちまで倒れないという理想の食感に仕上げるため、製法にも卵の種類にもこだわり抜いた自慢の一品だ。

「神頼みはしないんです。信用できるのは自分だけなので」

にこやかで親切な高橋さんの口から思いがけない言葉を聞いた。25歳でカフェを始めたとき、資金集めに本当に苦労したのだという。若くてまだ実績もなかったがゆえに、銀行では常に門前払い。一生の宝物を手放してようやく開いたカフェだった。

そこにはお目当てのメニューを頬張って笑顔になる人々の姿があり、看板猫がひなたで目を細めている。

「それでも、今日を楽しく生きていく」
これは、ボク自身が今までの人生を通して、
もちろんその多くは
カフエ マメヒコの目まぐるしい変化と経験を通じて、
体得してきた、ボクの哲学なのです。

井川啓央 「カフエ マメヒコ」店主

カフエ マメヒコ
東京都渋谷区神南 1-20-11 造園会館 2F
Tel 03-6455-1475
HP：mamehico.com
Instagram：@cafe_mamehico

誰もやらないことに挑み、変わり続ける美しい場所

「マメヒコ」は現在、東京・三軒茶屋と渋谷に一軒ずつお店を構え、それぞれに小さなマメヒコ文化圏を生み出している。気持ちのいい空間でコーヒーを飲んでいると、この場所をつくっている人々の姿勢が自然につたわってくるのだ。

品質の確かな食材を選び、手間をかけてつくるスイーツ。その〝確かさ〟には、たとえば北海道に畑を借りて自分たちで豆や野菜を栽培するといった、カフェとしては型破りの（店主の井川さんにとっては当たり前かもしれない）行動も含まれる。畑仕事にはお客さまも参加して楽しんでいる。マメヒコの熱心なファンは遠足と称してわざわざ畑を訪れ、収穫を手伝ったりするのだ。

喫茶空間を通して、マメヒコは食を取り囲むものごとをより深く知るための催しを多数開催してきた。食べることは結局、生きること。私たちはどう生きていこうか……そんな根源的な問いを飾らない口調で投げかける。めまぐるしく変貌する東京という街の姿を乱反射するように変化と挑戦を重ねながら、マメヒコは常に唯一無二の空間であり続けている。

営業時間はお客さんとの約束だから、必ず守ります。

西脇永憲　「スパニョラ」店主

このカフェの根底には
ビートルズの名曲『フール・オン・ザ・ヒル』が流れているんです。
ひとり丘の上に立って、回転する地球の上で
人々が忙しげに動き回るのを眺めている〝愚か者〟。

石川はじめ　「ZARIGANI CAFE」オーナー

キッチンの音や熱気が料理とともにお皿にのってフロアまで流れだす。
お客さんやスタッフの声がキッチンにリズムを生む。
そんなふうにみんなでひとつの空間をつくりながら、
コンセプトに縛られず自由に変化していきたい。

益田省吾 「dish」店主

現場では幾つもの作業がいっぺんに発生します。
たとえば、新規のお客さんが入ってきた、店の電話が鳴ってる、
向こうでお客さんが『オーダーお願いします』って呼んでる。
この三つのうちどれを最初にやるべきか選択して歩き始めた途端に、
誰かが水をひっくり返す……
瞬間の判断力が問われるんです。

Kさん 「珈琲貴族エジンバラ」店長

この時代が来るまで、僕らは本当にイライラしていた。
〝いつまでたっても認められへん〟って。
20年前は、喫茶店なんて水商売の一種と思われていたんだ。
こんな商売、金にはならないしね。
でもそういう中に本質が隠されているっていうのもあるんよ。
束縛を受けないで、
自分たちが本当に納得できる生き方を作っていくというところにね。

（2000年、全国的にカフェが熱狂的ブームを迎えた時期に。
このときCafe DOJIは開業23年を迎えていた）

宮野堂治郎 「Cafe DOJI」店主（『カフェの話』2000年）

chapter 5

書物の中の珈琲時間

作家やカフェ店主、コーヒー探究者たちが記した名著の中から
「カフェ／コーヒーの愉しみとは何か？」という問いに
インスピレーションを与えてくれる文章を集めました。

喫茶店はカフェという新しい名前に変わり、再び戻ってきたような気がしている。かつて僕らが憧れ通い続けた喫茶店は、僕らにとっての文化の入り口だった。そこは閉ざされた場であったと同時に公共の場としても機能し、地域や、同好の士が社会と繋がるための点であり中心だった。そこから少しずつ社会を覗き、外に出ていくという柔らかいクッションでもあったのだ。だが、情報や社会の動きが早まるにつれ、そうしたクッションの必要のない世界になってしまった。だが、いま、やっと元に戻り、個人個人の生き方を見つめるうえでの喫茶店＝カフェが必要になってきた。

永井宏 『カフェ・ジェネレーションTOKYO』 1999年 河出書房新社

喫茶をすることで、流れる時間や人々の生活や意識を知り、自分を思い描くということが、優しい眼差しを育んでいくことは間違いない。そして、それこそが、これからの時代をどう考え、生きていくかということに慎重に対処するひとつの方法なのだ。喫茶はゆるやかな時間を持つことのできる唯一の都市的な文化として、ようやく定着する時代になってきたと思う。

「好い喫茶店＝カフェのある街は必ずそこに底流する文化があって、面白いひとたちもいるんですよ」と、僕の喫茶の友人は以前そんな名言を吐いた。初夏の光が眩しくカフェのテーブルを照らし始めた昼下がり、「ちょっとお茶でもどうですか」と誘われたときのことだ。

堀内隆志 『コーヒーを楽しむ。』 2013年 主婦と生活社

カフェヴィヴモンディモンシュは、1994年に鎌倉でオープンしました。［…中略…］

閉店後に語学教室をしたり、不定期にアーティストの作品の展示やライブなども開催しています。単に飲食店というよりは、個の表現という意味合いが強いです。こう書くと、イベントスペース的にとられてしまうかもしれませんが、軸足はあくまでも飲食店です。「おいしい」に幾重ものエッセンスが加わっていったものがカフェになると考えています。

長田弘 〽 〝空飛ぶ猫の店〟『私の好きな孤独』1999年 潮出版社

好きなコーヒー屋のある町が、好きな街だ。好きなコーヒー屋が、ある日店をたたんでしまう。すると、それきりその街に足を向けることもなくなってしまう。その店が街に失くなってしまうと、ふいに大切な記憶を奪われてしまったような淋しさを覚える。けれども、久しくゆくことのなかった町へゆき、親しみのあるコーヒー屋がおなじままにひっそりと明るい時間をもちつづけているのを見ると、こころがサッとひらく。

赤瀬川原平 〝暗い暗い快楽〟『想い出のカフェ』1994年 Bunkamura

日本人は「とりあえず」というのが好きだから、街には喫茶店というのがよくある。とりあえず喫茶店で待ち合せ、とりあえず喫茶店で打ち合せを、あるいはとりあえず一休みとか、そういうことになりやすい。

むかしはしかし「とりあえず」感覚だけではなくて、若者はもっと喫茶店そのものに憧れていた。喫茶店にはコーヒーがあるからで、漢字で珈琲と書いたりする。

コーヒーというのはコーヒー豆が原料だけど、それよりも西洋のエキスという感じが実体であって、そこに「憧れ」というものが生じていたのだ。

さらに喫茶店にはレコード音楽が流れている。LPレコードである。それもラジオではなかなか聴けない有難いクラシック音楽で、のちにはモダンジャズの流れている喫茶店も出てきた。

それが私たちの若いころの喫茶店の姿で、一九五〇、六〇年代のことである。

植草甚一

『新宿・ジャズ・若者』１９７０年

本なしのコーヒーなんか、僕には考えられない。

辻邦夫　〃パリのカフェの魅惑〃『想い出のカフェ』1994年 Bunkamura

パリのカフェのよさを教えられたのも『日はまた昇る』などだった。というのも、パリのカフェが、異国人（エトランジェ）にとって、心から寛（くつろ）げる自由な空間であるとともに、生きる幸福を痛切に感じさせる場所であることを、この作家ほど、率直に書いた人はないからだ。

　パリのカフェは二つの顔を持つ。一つは日常生活のなかに組み込まれた場所としての顔だ。早朝、職場に出かける前に、労働者がカウンターに立って白ワインを飲みながらお喋りをする姿など、パリの裏町のカフェでしか見られない。昼は昼で、界隈（カルチエ）の顔見知りが集ってアペリチーフを飲み、サッカーや政治の話をする。夕方、買物帰りの主婦がペルノなどを引っかけているのも、パリの懐しい情緒だ。パリに長いこと住みつくとは、界隈(カルチェ)のカフェの常連と顔馴染(なじみ)になることだ。その頃になると、カルティエ・ラタンなり、モンパルナスなり、モンマルトルなりの街の表情がおのずと呑みこめてくる。個人主義的なフランス人が、庶民レベルでは、心の温かい、向う三軒両隣の住人なのだと納得できるのもこうしたカフェの定連になってからである。

パリのカフェのもう一つの顔は、ドゥマゴやドームやフーケツのような華麗な自由の場所としてのそれだ。ロンドンにもローマにもカフェがあるのに、パリのカフェは坐ってぼんやり時を過ごすだけで、たまらない幸福感が身を浸す。それはパリには強烈な自由があるからだ。

飯田美樹『カフェから時代は創られる』2020年　いなほ書房

…カフェと天才たちの関係性に注目し、何故こんなにも多くの天才がカフェに集ったのかを分析しようと試みる人はなかなかいない。［…中略…］カフェという場の役割に注目しながら、実際に集った人物たちの書いたものを読みすすめると、彼らにとってカフェという場がいかに重要だったかが見えてくる。では何故研究者たちはカフェという場をこんなにも軽視するのだろうか。その理由は主に二点考えられる。

一点目は研究者自身がカフェに通った実体験がないからであり、二点目は天才や作品を、そう「なっていくもの」ではなく、すでに完成されたものとして見てしまうからである。

まず一点目について見てみよう。一点目の問題は、研究者自身がカフェという場に行くことはあるものの、「通う」という経験をしたことがなく、実体験としてカフェという場の持つ力を想像しえないことにある。実際、カフェに通う人の多くはコーヒーの美味しさ目当てに通うのではなく、メニューには明示されない、カフェという空間に内在する多くのものを目当てにカフェに通っているのである。メニューには明示されていなくても、カフェという場は飲食以外に非常に多くのものを提供してくれる場所なのだ。しかし、このようなことはある程度カフェに通うか、カフェの使い方を伝授されない限りは理解しにくいものである。カフェはただコーヒーを飲み、友人とおしゃべりをしに行くだけの場所ではない。大切なのはどういう視点でカフェという場を捉えてゆくかである。だからこそ、カフェに通い、その使い方を知ることはカフェの可能性を認識する上でも重要なことである。

ところで、「カフェに通う」というのはパリにおいてさえ誰しもがする経験ではなく、後に述べていくように、ある状況に置かれた特殊な人たちの経験である。その必要性を感じない者は一生カフェに通うことなく生きられるだろう。

茨木のり子 『永遠の詩02』 2009年 小学館

食卓に珈琲の匂い流れ

ふとつぶやいたひとりごと
あら
映画の台詞だったかしら
何かの一行だったかしら
それとも私のからだの奥底から立ちのぼった溜息でしたか
豆から挽きたてのキリマンジャロ
今さらながらにふりかえる

米も煙草も配給の
住まいは農家の納屋の二階　下では鶏がさわいでいた
さながら難民のようだった新婚時代
インスタントのネスカフェを飲んだのはいつだったか
みんな貧しくて
それなのに
シンポジウムだサークルだと湧きたっていた
やっと珈琲らしい珈琲がのめる時代
一滴一滴したたり落ちる液体の香り

静かな
日曜日の朝
食卓に珈琲の匂い流れ……
とつぶやいてみたい人々は
世界中で
さらにさらに増えつづける

寺田寅彦 『コーヒー哲学序説』1933年 経済往来

コーヒーの出し方はたしかに一つの芸術である。

しかし自分がコーヒーを飲むのは、どうもコーヒーを飲むためにコーヒーを飲むのではないように思われる。宅の台所で骨を折ってせいぜいうまく出したコーヒーを、引き散らかした居間の書卓の上で味わうのはどうも何か物足りなくて、コーヒーを飲んだ気になりかねる。やはり人造でもマーブルか、乳色ガラスのテーブルの上に銀器が光っていて、一輪のカーネーションでもにおっていて、そうしてビュッフェにも銀とガラスが星空のようにきらめき、夏なら電扇が頭上にうなり、冬ならストーヴがほのかにほてっていなければ正常のコーヒーの味は出ないものらしい。コーヒーの味はコーヒーによって呼び出される幻想曲の味であって、それを呼び出すためにはやはり適当な伴奏もしくは前奏が必要であるらしい。銀とクリスタルガラスとの閃光(せんこう)のアルペジオは確かにそういう管弦楽の一部員の役目をつとめるものであろう。

研究している仕事が行き詰まってしまってどうにもならないような時に、前記の意味でのコーヒーを飲む。コーヒー茶わんの縁がまさにくちびるると相触れようとする瞬間にぱっと頭の中に一道の光が流れ込むような気がすると同時に、やすやすと解決の手掛かりを思いつくことがしばしばあるようである。

小山伸二 『コーヒーについてぼくと詩が語ること』 2020年 書肆梓

ある映画で、主人公の女性がコーヒー屋のおじさんに「おいしいコーヒーの淹れ方」を尋ねるシーンがある。そのときのおじさんの答えとは。

「ほかの人に淹れてもらうことだよ。人に淹れてもらったコーヒーは、おいしいからね」。

フィンランドのヘルシンキを舞台にした映画『かもめ食堂』(二〇〇六年)で小林聡美演じるサチエと、以前、同じ場所でカフェをやっていた元店主のおじさんとのやりとりだ。

ほかの人のために何かしてあげることのなかに、「おいしさ」の秘密がある。だとしたら、淹れてくれる人のいない、ひとりぼっちの人はどうすればいいのだろう。

ぼくなら、こう答える。

違う自分になって、自分のために淹れてあげることで、そのコーヒーは、おいしいコーヒーになっている。人は忙しくて、心が折れてしまいそうなとき、自分自身のために手間隙かけて何かするなんてできないものだ。でも、そんなときこそ、煮詰まっている自分から自分を引き離して、別人になって自分のためにいつもより丁寧にコーヒーを淹れてみる。すると、そのコーヒーはきっと、いつもよりさらにおいしいものになっているはず。

もう少し具体的に、最高においしいコーヒーを飲む方法を考えてみよう。

何よりも重要なことは、あなたにとって「おいしい」とは何かをきちんと考えること。『かもめ食堂』のサチエは、自分の淹れるコーヒーが本当においしいのか、自信を失いかけていた。だから、おじさんに淹れ方を聞いたのだ。

ここで、サチエが「おいしい」とは何かを自分なりに考えていたところが重要だ。

「おいしい」には正解はなくて、何がおいしいのかを問いかけること、自分で考え、感じることが大切なんだ。

伊藤博 『珈琲探求』 1984年 柴田書店

コーヒーは〈心に効く〉飲みものである。

コーヒーの品質を見分ける素朴な、しかし最も確実な方法は「味きき」である。味を「きく」という言葉は日本独特の発想に基づくもので、味覚に対してきくという「聴覚」を結びつけた表現がたいへん味わいに富んでいる。思うに、わが国ほど味覚用語を広く生活のすべてに転用し、ユニークな描写や表現をする国も少ないであろう。

このことは、日本語が非常に繊細で豊富な表現内容をもっていることを示すと同時に、日本人の味覚がこれまた繊細で豊かであることを裏づけているると言えるであろう。

獅子文六 『コーヒーと恋愛』 2013年 筑摩書房

コーヒーだって、日本人の手にかかれば、口が飲むのではなく、心が味わう嗜好物となり得る。コーヒーの入れ方、飲み方が、この上ともに進歩すれば、作法となり、礼となり、道となり、芸術となることは、茶の場合と変らないと、信じている。

関口一郎 『銀座で珈琲50年　カフェ・ド・ランブル』 2000年 いなほ書房

「所謂コーヒー通とはどんな人ですか」とは、私がよく受ける質問である。一般にはブラック(ノーミルク)で飲む人、日に何杯も飲む人、供されたコーヒーの銘柄を言い当てる人、書物や人伝てに仕入れた知識をそれとなく披瀝する人……などが通とされているようだ。

しかし私の結論では、「いま自分が欲しているコーヒーを正確に注文できる人」こそ本当の「通」ということになる。

たとえ最高級とされる銘柄でも、それがおしなべて誰にも一番美味しいとはいえない。コーヒーには各人各様の好み(苦味・酸味)があり、更に体のコンディションや時間帯によって、要求するものが違ってくるからだ。

肉体的に疲労している時などは、体が糖分を要求しているのだから、砂糖のたっぷり入ったコーヒーがおいしいものである。こんな時には、無理してブラック・ノーシュガーで飲まなくてもよいはずだ。

落語にあるように、今際の際をむかえた蕎麦通が、「実は、たっぷり汁をつけた蕎麦を食べてみたかった」などということのないように。

嶋中労『コーヒーに憑かれた男たち』2005年 中央公論新社

三番目の男は自らを「コーヒー馬鹿」と称する標交紀（しめぎゆきとし）（吉祥寺「もか」店主）だ。標には神経衰弱になりかねないほど一途におもいつめてしまう性癖がある。コーヒーに生きがいのすべてを捧げてしまうあまり「狐憑き」という言葉の、純粋な意味におけるトランス状態（憑かれた状態）に最も近いところにいる男といっていい。

近頃は年を重ねたせいか、角張っていた自負もやわらかくほぐされ、奇行奇癖も影をひそめたかのようにおもえるが、究極のコーヒーを創りたい、世界一のコーヒーを創りだしたいとする熱意は少しも衰えを見せない。

「もかのコーヒーには感動がある」

こんなふうに〝しめぎコーヒー〟を評する者もいる。うまいまずいではない。うまいまずいを遥かに超えた「感動」をさそうコーヒーがあるという。

俗に間然するところなし、という褒め言葉があるが、彼ら「御三家」のつくりだすコーヒーは、選ばれた真正のアルチザンだけが到達しうる、味覚の極北を示しているようにおもわれる。

「コーヒーも最後の最後は〝品格〟のあるなしで決まってしまう」

と標はいう。いくらうまいコーヒーであってもそれだけでは十分ではない。理想的なコーヒーには臈(ろう)たけた貴婦人のような気品が備わっていなくてはならない。品格のないコーヒーは浅はかなもの、取るに足らないものと踏みたおしてよい、とこういうのである。

森光宗男 『モカに始まり』 2012年 手の間文庫

私は39年前（1972年）から5年間、吉祥寺にあった「もか珈琲店」で、標交紀師に珈琲を学びました。一言でいえば、生涯、上質・品格のある苦みを追求した師で、口癖に言っていたのは、仕事にはメリハリをつけろ、直下に学べ、仕事は盗むものだ、でした。そして、いいものには品格があるといっていました。［…中略…］

この35年で学んだことは、「手の中にこそ真実がある」「小さいほど感動を生むことができる」そして「繰り返すこと」でした。それにはネルドリップで「滴一滴」とお湯を落とすように、ひとつひとつのことは一期一会と知り、大切に向き合うということです。J.S.バッハが神にも祈る思いで音符をおいたように、モノゴトに精進するという条件がつきます。

オオヤミノル ■『珈琲の建設』 2017年 誠光社

美味しいことを一点に定めるって言うことは非常にレベルの低いこと。あんまり綺麗なもんじゃないと思う。全ては「間」なんだよ。美味しいものと不味いものの境っていうのは絶対にあるし、それはどこなのっていえば、かつて北大路魯山人が言ったように「わかるやつにはわかるけど、わからないやつにはわからない」っていうこと。で、オレはそれをわかっているつもりだけど、もしかしてわかっていないのかもしれない。その不安定さっていうのは非常にいいよね。それが芸術だと思うし、芸術とか文学のない人生なんてつまらない。

確実なものが一つあるとすれば「間」がある。美味しいものというのはその間のことを言う。二つの分岐点があって、一つはやりすぎ、ひとつはやらなさすぎ。その間において自分のこのみの食材を調理すればそれは美味しいんです。もしくは食べる相手の好みを慮った上で調理すればいいだけのこと。

臼井隆一郎『コーヒーが廻り世界史が廻る』1992年 中央公論新社

ドイツ文学にも「コーヒーを飲むトポス」とでもいうべき伝統がある。若きウェルテルは何故、あの晴れやかな五月の木の下でホメロスを読みながらコーヒーを飲むのか。トーマス・マンの『魔の山』で、ナフタとゼッテンブリーニの決闘は何故、いつもハンス・カストルプがコーヒーを飲んでいた場所で行なわれなければならないのか。カフカの登場人物たちはなんだってコーヒーを絨毯にこぼすのが好きなのか。当時、筆者が通っていたボン大学のゼミ「十八世紀ドイツ市民牧歌」では、ドイツ市民の幸福感とコーヒーとの深い縁について延々と議論されていた。

若林恵　〝フレッシュコーヒー・マニフェスト〟『さよなら未来』2018年 岩波書店

人を覚醒させながらもハイにしないのがコーヒーの持ち味。コーヒーの批判力はあくまでもクールだ。熱狂は似合わない。であるからこそカフェは、文学、音楽、科学の揺籃地となりえた。

それだけではない。近代保険制度を生み出し（ロイズはもともとカフェとして始まった）、金融市場を胚胎させた（ニューヨーク証券取引所はカフェの二階で始まった）ことを思えば、コーヒー／カフェは、近代社会を駆動させる必要不可欠なインフラであったことに気づく。

中川ワニ 『家でたのしむ手焙煎コーヒーの基本』 2018年 リトル・モア

若いころ、パスタを大量に食べるのが好きで、特にアサリのむき身と春菊、いんげん、アスパラガス、春だったら春菊を菜の花に替えて、ペペロンチーノを家で作っていた。ひとくちふたくちめあたりにどんぴしゃな味に調えると、途中で食べたくなくなる。どうしてだろうと考え、塩加減を変えた。最初はちょっと物足りないくらいにすると、最後のひとくちを終えたところで味が調う。こうするとぺろりといける。

これと同じことをコーヒーでも考えていて、僕のコーヒーは最初のひとくちふたくちあたりはちょいとたよりなげ。でも一杯を飲み終えた時に飲んだ満足感が現れるといい。これは僕の感覚的味覚の捉え方だが、最初にあまりにも強い旨味とかクセを感じすぎるものって、飲み進めていくうち、味が口の中でハレーションを起こして、そのうち味の単調さに気づく。飽きていくと言ってもいいかもしれない。

ふだん飲みのコーヒーは、テイスティングのように何口かで止めることはないはずで、一杯の味が大切になるんだと信じている。そのうえで僕が最も嫌うのは、エグ味をともなう後味の悪さやもたつきで、そのうち手が止まる。これをコーヒーの余韻と考える人もいるようだが、ハッキリ違うと思う。

中林孝之 『今日からの美味しいコーヒー』2017年 文化出版局

テーブルで座って淹れてみてはいかがでしょう。ドリッパーと顔が近くなるので、薫り、音、色や質を、いつもより詳細に感じることができます。一緒にテーブルを囲んでいる人と、コーヒーが作られていく愉しみの工程を共有することもできます。

それと、これは立っているときもそうですが、両方の足の裏を床につけて、息を止めずに呼吸をしながら（もっというと深呼吸しながら）だと、体がやや柔軟な状態になるので、リラックスして淹れることができます。美味しいコーヒーは、姿勢とも関係しているかもしれません。

リチャード・ブローティガン 『芝生の復讐』 1971年 新潮社

Sometimes life is merely a matter of coffee and whatever intimacy a cup of coffee affords.

（時には人生は、単にカップ一杯のコーヒーがもたらす親密さの問題）

影山知明 著『ゆっくり、いそげ　～カフェからはじめる人を手段化しない経済』２０１５年 大和書房

いかに「価値だけでない価値」を伝えられる媒体になるか。少し風呂敷を広げるならば、クルミドコーヒーはその難題に取り組んでいるとも言える。

そして、この間の経験から学んだ一つの秘訣は「価値の転換」だ。

「里の風情を守る」「安心・安全の食材」「日本の食糧自給率改善」といったメッセージも、それが直接の体験ではなく文字情報での伝達となってしまうと、受け取る側はどうしても左脳的な、理性的な情報処理となってし

まう。それでより高い価値を受け入れられる人はやはり世の中的には少数派だ。

それよりもむしろ、「おいしいから」「気持ちいいから」「楽しいから」という入口から価値を感じてもらい、その上で「実はこのクルミ、国産なんです」「こんな産地の努力があるんです」といった方が、より多くの人に受け取ってもらえる交換になるのではあるまいか。

カフェとはエンターテイメント業。

モノを売る「点」ではなく、空間で時間を過ごしてもらうという「線」や「面」の接点を持つ業種だからこそ、届けられる価値がある。

特定多数間の複雑な価値のキャッチボールを可能にするための取り組みのヒントが、実はカフェにこそたくさん詰まっているのではないかと思うのだ。

阿久津隆 『本の読める場所を求めて』 2020年 朝日出版社

新宿駅にある「ビア&カフェ ベルク」は好きな店だが、[…中略…]一見すると、勝手がよくわからない。オーダーはどうすれば？ どの席を使えば？ 片付けは？ 初めて来ると少し戸惑いそうなものだが、どうしてだか「なんとなくわかる」。目に見えない秩序やリズムがそこにあるのを感じられる。これまでおびただしい数の人が繰り返してきた行動が、流れる空気に轍のようなものをつくっていて、それを追えばいいような、そんな感じがある。

実際には他の人の動きがレクチャーとして機能しているのだが、見様見真似で同じ動きを繰り返してみることで、長い歴史の中に自分も心地よく組み込まれてまた未来がつくられていくような、今この瞬間にとどまらない、より大きな時間の流れを感じさせるものが、あの場所にはある。刻々と、ベルクという場所が生成され続けていく現場に立ち会っているような、そこにまた自分も加担しているような、そんな気持ちにさせるものが、あの場所にはある。そこでの過ごし方を徐々に理解していくという過程を経ることによって、この場所に流れてきた時間への敬意を獲得させていくように設計されているように思う。それを僕は美しいと感じる。そしてそれは「粋」だと感じる。

村上春樹

〝ラム入りコーヒーとおでん〟『村上朝日堂の逆襲』1986年 新潮社

僕はこの二年ばかりかけてジョン・アーヴィング『熊を放つ(Setting Free The Bears)』というやたらと長い小説を訳していたのだが、その中にラム入りコーヒーの話がよく出てくる。これはウィーンを舞台にした小説で、主人公たちがよく街角のカフェに入って「ラム入りコーヒー」を注文するわけである。そういうのを読んでいると僕もすごくラム入りコーヒーが飲みたくなるのだが、残念ながら日本で美味いラム入りコーヒーが飲める店というのはあまりない。[…中略…]それから日本で飲むラム入りコーヒーには、なんというか音楽で言うところのソノリティーのようなものが欠如しているような気がしてならない。つまり「ラム入りコーヒーかくあるべし」というコンセンサス風の響きがうまく伝わってこないのである。

それに比べると——こういうモノの言い方はなんかもう冷や汗が出ちゃうんだけど——冬のオーストリアとかドイツとかで飲むラム入りコーヒーはすごくおいしい。なにしろあの辺は東京なんかに比べると圧倒的に底冷えするから、ダウン・ジャケットに手袋にマフラーと完全装備でたちむかってもすぐに「うー、さぶさぶ」という感じになって、カフェにとびこんで温かいものを飲みたくなってしまう。カフェのガラスというのはだいたい暖房のせいで白くくもっていて、外から見ると本当に暖かくて居心地良さそうに見えてしまうのである。そういうところにとびこんで注文するのはやはり「ラム入りコーヒー」がいちばんである。ドイツ語ではたしか「カフェ・ミット・ルム」だったと思うけれど、間違っていたらすみません。

片岡義男

〝喫茶店のコーヒーについて語るとき、大事なのは椅子だ〟『珈琲が呼ぶ』２０１８年 光文社

喫茶店に入って一杯のコーヒーを前にして気持ちを集中させる、としばしば言われる。気持ちを集中させるとは、自分の頭のなかにあるものをある程度までは抽象化させることだと思う。自分をいくら抽象化しても、しかし、得られるものは少ない。

外と内の問題だ。内は自分だ。外は、なんなのか。すべての現実が、外だ。そしてそれが一本の矢のようにまとまったものが、喫茶店やそのコーヒーだとすると、大事なのは椅子なのだ、ということになる。椅子とは、その喫茶店で経過した時間のことだ。変わることなく続いた場所で、その椅子にすわり、ほんのひととき、そのような時間のなかに、自分も加わりたい。自分は受けとめられる。外から入ってくるものを待つだけだ。そしてそのときには、自分がどのような状態にあるかが、試される。

橋口幸子 『珈琲とエクレアと詩人　スケッチ・北村太郎』 2011年 港の人

鎌倉駅の改札口に現れた北村さんは見るからにしょんぼりとして元気のない様子だった。足が地面に吸い込まれそうな様子で歩いていた。

「お茶でも飲んでから、行こうか」

と言われたので小町通りの入り口の喫茶店イワタに入り、小町通り側があいていたのでそこに座った。

連休とあって小町通りは、若者たちで溢れかえっていた。手をつなぐふたり、肩を組むふたり、見るからに幸せそうなカップルたちがいっぱいであった。

じっと外を眺めていた北村さんが、ぽつりと言った。

「みんな幸せそうだね。ぼくだけが不幸みたいだ」

うつろな哀しそうな声に聞こえた。

古川誠 『りんどう珈琲』 2015年 クルミド出版

りんどうの花言葉は「あなたの悲しみに寄りそう」。わたしはマスターのことを思う。確かにマスターは、みんなの悲しみにいつも寄りそってくれた。ただいつもそこにいることで。

マスターこそが、りんどうそのものだったんだ。

わたしは竹岡の町を思い出す。誰もいない駅も、駆け上がった路地も、いつも見ていた海も、きっとあのときと全然変わっていないんだろうと思う。

わたしはまた歩き出す。そしてマスターの淹れてくれた珈琲の香りを思い出す。あの安っぽいベルを鳴らして、誰かが今日も入ってくる。誰かがそこで束の間休んで、そこを出て行く。

この世界が美しいということの気配が、その場所にある。

永田耕衣 『句集 殺佛』 1978年 南柯書局

コーヒ店永遠に在り秋の雨——

川口葉子　かわぐちようこ

20年以上日本のコーヒーシーンを取材し、その魅力を発信し続けているライター、喫茶写真家。コーヒー中毒者。著書に『京都カフェ散歩 喫茶都市をめぐる』（祥伝社）、『東京古民家カフェ日和』（世界文化社）、『カフェノナマエ』（キノブックス）、『東京の喫茶店 琥珀色のしずく77滴』『京都・大阪・神戸の喫茶店 珈琲三都物語』（実業之日本社）他多数。雑誌、webなどでカフェやコーヒー特集の監修、記事執筆も多い。ツイッターやインスタグラムなどでも喫茶店やカフェの魅力を日々発信している。
ツイッター：@Tokyo_Cafemania
インスタグラム：@ yohko_kawaguchi

カバーイラスト　楠伸生
ブックデザイン　藤崎良嗣 五十嵐久美恵 pond inc.
DTP　東京カラー・フォトプロセス（株）
編集　白戸翔 岸部すみれ（実業之日本社）

喫茶人かく語りき　言葉で旅する喫茶店

2021年5月7日　初版第1刷発行

著　者　川口葉子
発行者　岩野裕一

発行所　株式会社実業之日本社
〒107-0062　東京都港区南青山5-4-30　CoSTUME NATIONAL Aoyama Complex 2F
電話（編集）03-6809-0452　（販売）03-6809-0495
https://www.j-n.co.jp/

印刷・製本　大日本印刷株式会社

ISBN978-4-408-33948-1（新企画）